너희는

그 은혜에 의하여
믿음으로 말미암아 구원을 받았으니

이것은
너희에게서 난 것이 아니요

하나님의 선물이라

에베소서 2장 8절

Dear. _____

20   년   월   일

_____ 드립니다.

Westminster Shorter Catechism 107

웨스트민스터 신앙고백 카테키즘

BOOK
KIMS

일러두기

Westminster Shorter Catechism (웨스트민스터 짧은 교리문답)
영국 웨스트민스터 총회에서 채택한 기독교의 짧은 교리문답으로
1648년 의회에서 승인되었습니다. 청소년과 하나님을 처음 영접한
기독교인이 꼭 이해하고 마음에 새겨야 할 기독교의 가장 근본적 교
리 107개를 문답으로 설명하고 있습니다. Catechism '카테키즘'은
기독교 교리문답으로 말 즉, 구두로 가르친다는 뜻을 담고 있습니다.

왼쪽 면에 단 하나의 질문과 답변 내용을 현대어로 담았습니다.
오른쪽 면에는 관련 성경 말씀과 편집자의 간략한 이야기를 넣었
습니다.

초판에 대한 편집자의 인사

자신의 생명을 걸고 2020년 코로나19 바아러스 재앙과 맞서 싸우
며 환자를 돌보시는 이름 모를 모든 의료 봉사자의 숭고한 헌신을
하나님께서 기억하시고 도우시기를 간절히 기도드립니다.

또 언제나 기도해주시는 사랑하는 어머니 임금순 권사께 감사드립
니다. 매번 교회 가기 싫어하는 남편을 야단 쳐주는 아내 정현숙
사랑합니다.

내가 너를 사랑하는 줄을 알게 하리라

001.

사람의 삶에서
최고의 목적은 무엇입니까?

———

사람의
삶의 목적은
하나님을 영화롭게 하고,
그분을 영원히 즐거워하는 것입니다.

What is the chief end of man?

———

Man's chief end is to glorify God, and to enjoy him forever.

성경말씀

로마서 11: 36

이는 만물이 주에게서 나오고 주로 말미암고 주에게로 돌아감이라
그에게 영광이 세세에 있을 지어다. 아멘

사람은 왜 존재합니까?

사람의 존재 이유를 묻는 질문입니다. 사람됨의 첫째목적. 사람이 존재하는
궁극적 목적은 무엇일까요? 모든 사람은 창조주이신 하나님께서 뜻을 가지고
지으신 피조물입니다. 그러므로 우리를 지으신 하나님을 영화롭게 하고,
삶속에서 영원히 하나님을 즐거워하는 것이 우리의 목적입니다.

002.

우리가 하나님을 영화롭게 하고 즐거워하는 방법에 대하여
하나님께서는 우리에게 어떠한 규칙을 주셨습니까?
———
구약과 신약성경에 기록된 하나님의 말씀만이
우리가 하나님을 영화롭게 하고 즐거워하는 방법을 알려주는
유일한 규칙입니다.

What rule hath God given to direct us how we may glorify and enjoy him?

———

The Word of God, which is contained in the Scriptures of the Old and
New Testaments, is the only rule to direct us how we may glorify and
enjoy him.

성경말씀

베드로후서 1:20~21

먼저 알 것은 성경의 모든 예언은 사사로이 풀 것이 아니니 예언은 언제든지 사람의 뜻으로 낸 것이 아니요 오직 성령의 감동하심을 받은 사람들이 하나님께 받아 말한 것임이라.

오직 성경만이 유일한 하나님의 말씀이라는 것을 인정하고 고백해야합니다. 하나님의 말씀을 담은 것처럼 보이는 어떠한 복음도 "성경" 외에는 모든 것이 가짜입니다. 하나님은 인간이 달콤한 가짜 복음에 속지 말 것을 경고하셨습니다. 하나님께서 주신 성경말씀에 순종하고 따르는 것이 하나님을 영화롭게 하고, 그분을 즐거워하는 유일한 규칙 rule입니다.

003.

성경은 원칙적으로 무엇을 가르칩니까?

성경은 원칙적으로 사람이 하나님을 믿어야할 것과,
하나님이 요구하시는 인간의 의무를 가르치고 있습니다.

What do the Scriptures principally teach?

The scriptures principally teach, what man is to believe concerning God,
and what duty God requires of man.

성경말씀

요한복음 3:16

하나님이 세상을 이처럼 사랑하사 독생자를 주셨으니 이는 그를 믿는 자마다
멸망하지 않고 영생을 얻게 하려하심이라.

성경은 하나님의 말씀이 기록된 책입니다.
성경은 사람이 하나님을 믿어야 하는 것과 하나님께서 사람에게
요구하시는 의무에 대한 가르침을 담고 있습니다.

004.

하나님은 어떤 분입니까?

하나님은 영이시며
무한하시고 영원하시며
변함이 없는 분입니다.

하나님께는
지혜와 권능과 거룩함과 정의와 선함과 진리가 있습니다.

What is God?

God is a Spirit, infinite, eternal, and unchangeable, in his being, wisdom, power, holiness, justice, goodness, and truth.

요한복음 4:24
하나님은 영이시니 예배하는 자가 영과 진리로 예배할지니라.

하나님의 본성을 묻는 질문입니다.
성경은 하나님께서 영Spirit적 존재라고 말씀하십니다.
사람은 유한하고 연약하지만 하나님은 영원하시고 무한하셔서 사람에게
지혜, 권능, 거룩함, 정의, 선함과 진리를 베풀어 주십니다.

005.

하나님 한 분외에 다른 신들이 더 있습니까?
———
살아계시며 참된 하나님은 오직 한 분뿐입니다.

Are there more Gods than one?
———
There is but one only, the living and true God.

성경말씀

신명기 6:4

이스라엘아 들으라 우리 하나님 여호와는 오직 유일한 여호와이시니

하나님은 오직 한 분이라는 '유일성' 을 확인하고 있습니다.

이전에도 지금도 앞으로도 영원히 살아계시고 참되신 분은 오직 여호와

하나님 한 분임을 고백합니다.

006.

하나님의 신격에는 몇 위가 있습니까?

———

하나님의 신격에는 성부, 성자, 성령 삼위가 계십니다.
이 삼위는 한 하나님이시며, 본질이 같으시며,
권능과 영광이 동등합니다.

How many persons are there in the Godhead?

———

There are three persons in the Godhead: the Father, the Son, and the
Holy Ghost and these three are one God, the same in substance, equal
in power and glory.

마태복음 28:19

그러므로 너희는 가서 모든 민족을 제자로 삼아 아버지와 아들과 성령의
이름으로 세례를 베풀고

하나님의 삼위일체에 관한 질문입니다.

성부 하나님, 성자 하나님, 성령 하나님 모두 본질적으로 동일한 한 분입니다.
이 이외의 하나님은 없습니다.

예를 들어 부모님을 모시고 자녀를 둔 A라는 사람이 교사의 직업을 가지고
있다고 가정하면 A라는 사람은 자녀이고 부모이자 교사까지 3가지 격을
가지고 있지만 모두 한사람 A를 지칭하는 것과 비슷합니다.

007.

하나님의 작정하심이란 무엇입니까?

———

하나님의 작정하심은 그분의 뜻에 일치하는 그분의 영원한 목적을
드러냅니다.
그로인하여 하나님 자신의 영광을 위하여,
일어날 일들을 미리 정하신 것입니다.

What are the decrees of God?

———

The decrees of God are, his eternal purpose, according to the counsel
of his will, whereby, for his own glory, he hath foreordained whatsoever
comes to pass.

성경말씀

로마서 8:30

또 미리 정하신 그들을 또한 부르시고 부르신 그들을 또한 의롭다 하시고
의롭다 하신 그들을 또한 영화롭게 하셨느니라.

하나님의 작정하심은 하나님께서 영광 받으시는 것을 목적으로 합니다.
이것은 하나님의 뜻으로 세우신 영원한 목적이므로, 그 어떤 것이든 이겨내고
결국 이루어 질 것입니다.

008.

하나님은 스스로 작정하신 것을 어떻게 실행하십니까?

———

하나님은 창조와 섭리를 통해서 작정하신 것을 실행하십니다.

How doth God execute his decrees?

———

God executeth his decrees in the works of creation and providence.

성경말씀

에배소서 1:11

모든 일을 그의 뜻의 결정대로 일하시는 이의 계획을 따라 우리가 예정을
입어 그 안에서 기업이 되었으니

섭리란 하나님께서 세상을 창조하신 목적을 이루기 위하여 세상에 행하시는
모든 사역을 뜻합니다. 따라서 하나님의 섭리는 결국 하나님의 영광을
위하여 작동합니다.

009.

창조의 사역이란 무엇입니까?

창조의 사역이란 6일 동안 하나님께서 권능의 말씀으로 아무 것도 없는 무에서 모든 것을 만드신 일입니다. 모든 것이 매우 좋았습니다.

What is the work of creation?

The work of creation is, God's making all things of nothing, by the word of his power, in the space of six days, and all very good.

성경말씀

요한계시록 4:11

우리 주 하나님이여 영광과 존귀와 권능을 받으시는 것이 합당하오니
주께서 만물을 지으신지라 만물이 주의 뜻대로 있었고 또 지으심을
받았나이다 하더라

하나님은 이 세상의 창조주이십니다. 6일 동안 오직 말씀으로 아무 것도 없는
무의 상태에서 이토록 아름다운 세상을 창조하셨습니다.
우리 사람 역시 하나님께서 지으신 피조물입니다.

010.

하나님은 사람을 어떻게 창조하셨습니까?

―――

하나님은 사람을 남자와 여자로 창조하셨습니다.
하나님의 형상을 따라서 사람은 지식과 의와 거룩함을 가지고
피조물들을 다스리도록 지음을 받았습니다.

How did God create man?

―――

God created man male and female, after his own image, in knowledge,
righteousness, and holiness, with dominion over the creatures.

성경말씀

창세기 1:27
하나님이 자기 형상 곧 하나님의 형상대로 사람을 창조하시되
남자와 여자를 창조하시고

하나님께서는 남자와 여자 모두 동일하게 하나님의 형상을 본받아
창조하셨습니다. 그리고 하나님은 인간에게 지식과 의와 거룩함 그리고
생물들을 다스릴 수 있는 능력을 주셨습니다.

011.

하나님이 섭리하시는 일은 무엇입니까?

하나님이 섭리하시는 일은 가장 거룩하고 지혜로우며 권능있게 모든
피조물과 그들의 행동을 지키시며 다스리시는 것입니다.

What are God's works of providence?

God's works of providence are, his most holy, wise, and powerful
preserving and governing all his creatures, and all their actions.

성경말씀

시편 103:19

여호와께서 그의 보좌를 하늘에 세우시고 그의 왕권으로 만유를
다스리시도다.

세상의 주인공은 인간이 아니라 창조주이신 하나님입니다.
인간과 세상이 창조된 영원한 목적은 하나님을 영화롭게 하는 것입니다.
섭리란 이것을 이루어 가는 모든 과정 속에 작동하며, 관철되어지는
하나님의 관여하심입니다.

012.

하나님은 사람을 창조하시고 난 후에 그들에게 무슨 특별한 섭리의
일을 행하셨습니까?

———

하나님이 사람을 창조하셨을 때, 완전히 순종할 조건을 가진 생명의
언약을 그들과 맺었습니다. 죽음의 고통이 있기 때문에 선과 악을 알게
하는 나무의 열매 먹는 것을 금지하셨습니다.

**What special act of providence did God exercise towards man, in the
estate wherein he was created?**

———

When God had created man, he entered into a covenant of life with him,
upon condition of perfect obedience; forbidding him to eat of the tree of
the knowledge of good and evil, upon the pain of death.

창세기 2:16~17

여호와 하나님이 그 사람에게 명하여 이르시되 동산 각종 나무의 열매는
네가 임의로 먹되 선악을 알게 하는 나무의 열매는 먹지 말라 네가 먹는 날에는
반드시 죽으리라 하시니라

하나님은 인간을 하나님의 형상대로 지으시고, 생기를 불어 넣어 주셨습니다.
인간에게 지식과 의와 거룩함 그리고 생물들을 지배할 수 있는 능력을 주셨
지만 단 한 가지 선과 악을 알게 하는 나무의 열매를 먹지 말 것을 명하셨습
니다. upon condition of perfect obedience 완전한 순종을 조건으로 하는
약속이었습니다.

013.

우리 인류의 첫 조상은 창조된 상태로 계속 살았습니까?

자유의지를 가진 우리 인류의 첫 조상은 하나님께 죄를 지어서 창조된 상태로부터 타락하였습니다.

Did our first parents continue in the estate wherein they were created?

Our first parents, being left to the freedom of their own will, fell from the estate wherein they were created, by sinning against God.

성경말씀

로마서 5:12

그러므로 한 사람으로 말미암아 죄가 세상에 들어오고 죄로 말미암아 사망이 들어왔나니 이와 같이 모든 사람이 죄를 지었으므로 사망이 모든 사람에게 이르렀느니라

하나님은 인간에게 자유의지를 주셨지만 놀랍게도 인간은 하나님과의 약속을 어기는 죄를 선택하였습니다.

014.

죄는 무엇입니까?

죄는 하나님의 법에 모자라거나 복종하지 않는 것입니다.

What is sin?

Sin is any want of conformity unto, or transgression of, the law of God.

성경말씀

야고보서 2:10

누구든지 온 율법을 지키다가 그 하나를 범하면 모두 범한 자가 되나니

인간사회의 죄는 국가와 국제사회가 만든 법률을 위반하는 것입니다. 신앙의 관점에서의 죄는 하나님께서 주신 성경의 규범과 기준을 벗어나는 것입니다. 구약 시대의 사람들은 구약의 규범을. 예수님 이후인 신약 시대의 사람들은 신약과 구약의 가르침의 뜻을 따르고 순종하여야 합니다.

015.

우리 인류의 첫 조상이 창조된 상태로부터 타락하게 된 죄는
무엇입니까?

———

우리 인류의 첫 조상이 창조된 상태로부터 타락하게 된 죄는 금지된
열매를 먹은 것입니다.

**What was the sin whereby our first parents fell from the estate wherein
they were created?**

———

The sin whereby our first parents fell from the estate wherein they were
created, was their eating the forbidden fruit.

성경말씀

창세기 3:6

여자가 그 나무를 본즉 먹음직도 하고 보암직도 하고 지혜롭게 할 만큼
탐스럽기도 한 나무인지라 여자가 그 열매를 따먹고 자기와 함께 있는
남편에게도 주매 그도 먹은지라

아담과 하와가 하나님과의 약속을 어기고 선악을 알게 하는 나무의 열매를
먹은 것입니다. 인간은 하나님께서 주신 자유의지와 큰 능력을 하나님의
뜻에 따라 사용하여야 합니다. 인간의 자만과 이기심은 결국 인간 스스로를
고통 받게 합니다.

016.

모든 인류가 아담의 첫 범죄로 말미암아 타락했습니까?

―――

아담과 맺은 언약은 그 자신뿐만 아니라 그의 후손들에 관한 것이기 때문에, 그로부터 정상적인 출생법으로 태어난 모든 인류는 아담의 첫 범죄로 인하여 그의 안에서 죄를 지었으며, 그와 함께 타락하였습니다.

Did all mankind fall in Adam's first transgression?

―――

The covenant being made with Adam, not only for himself, but for his posterity; all mankind, descending from him by ordinary generation, sinned in him, and fell with him, in his first transgression.

성경말씀

고린도전서 15:21~22
사망이 한 사람으로 말미암았으니 죽은 자의 부활도 한 사람으로 말미암는도다
아담 안에서 모든 사람이 죽은 것같이 그리스도 안에서 모든 사람이 삶을
얻으리라

첫 인류인 아담의 타락과 죄를 "원죄" 라고 합니다.
이 아담의 원죄는 모든 인류의 죄입니다. 인간이 인간의 DNA를 공유하는
하는 것과 같습니다.

017.

타락은 인류를 어떤 상태가 되게하였습니까?
———
타락은 인류를 죄되고 비참한 상태가 되게하였습니다.

Into what estate did the fall bring mankind?
———
The fall brought mankind into an estate of sin and misery.

성경말씀

로마서 5:12

그러므로 한 사람으로 말미암아 죄가 세상에 들어오고 죄로 말미암아
사망이 들어왔나니 이와 같이 모든 사람이 죄를 지었으므로
사망이 모든 사람에게 이르렀느니라

아담의 타락과 원죄로 인류는 정신과 육체의 고통과 사망을 받아들여야
했습니다. 단 한사람 아담의 죄의 결과가 온 인류를 사망에 이르게 하는
원인이 되었습니다.

018.

사람이 타락한 상태에서 죄와 사악함은 어떻게 존재합니까?

———

사람이 타락한 상태에서 죄와 사악함은 아담이 범한 첫 번째 죄의
죄책감, 원래 가졌던 의가 부족한 것, 그리고 보통 원죄라고 불리는
모든 본성의 부패로 이어집니다. 또한 그것으로부터 모든 실제적인
범죄가 생겨납니다.

Wherein consists the sinfulness of that estate where into man fell?

———

The sinfulness of that estate whereinto man fell, consists in the guilt of
Adam's first sin, the want of original righteousness, and the corruption
of his whole nature, which is commonly called original sin; together with
all actual transgressions which proceed from it.

성경말씀

야고보서 1:14~15

오직 각 사람이 시험을 받는 것은 자기 욕심에 끌려 미혹됨이니 욕심이 잉태한 즉 죄를 낳고 죄가 장성한즉 사망을 낳느니라.

사람에게는 타락하고 사악한 죄의 씨앗이 있습니다. 이것들은 사소한 욕심에서 시작되어 큰 죄로 커지게 됩니다. 한 개비의 작은 성냥 불 하나가 집을 태우고 한 마을을 불사르는 원인이 될 수 있는 것과 같습니다. 성경은 인간의 작은 욕심이 죄가 되고 결국 사망에 이르게 됨을 경계하고 있습니다.

019.

사람이 타락하여 처한 상태의 비참한 불행이란 무엇입니까?

―――

모든 사람이 타락하여 하나님과의 교제가 끊어지고 그분의 진노와
저주 아래 놓이고, 그리하여 현재의 삶 속의 모든 비참함과 죽음 자체,
그리고 지옥의 고통들을 영원히 당하게 되었습니다.

What is the misery of that estate whereinto man fell?

―――

All mankind, by their fall, lost communion with God, are under his
wrath and curse, and so made liable to all the miseries of this life, to
death itself, and to the pains of hell forever.

성경말씀

에베소서 2:3

전에는 우리도 다 그 가운데서 우리 육체의 욕심을 따라 지내며 육체와 마음의
원하는 것을 하여 다른 이들과 같이 본질상 진노의 자녀이었더니

타락한 상태의 인간에게 비참한 불행이란 창조주 하나님과의 단절입니다.
하나님을 떠난 인간의 삶은 올바른 목적을 잃은 삶입니다. 인간이 창조된
목적이 무엇인지 우리는 알고 있습니다.

020.

하나님은 모든 인류가 죄와 불행한 상태에서 멸망하도록
버려두셨습니까?

———

하나님은 선하고 기쁘신 뜻으로 영원 전부터 어떤 이들을 영원히
살도록 선택하여 은혜의 계약에 들어가게 하셨습니다. 한 구속자를
통하여 그들을 죄되고 비참한 상태에서 건져내시고 구원받은 상태로
이끄셨습니다.

Did God leave all mankind to perish in the estate of sin and misery?

———

God, having out of his mere good pleasure, from all eternity, elected
some to everlasting life, did enter into a covenant of grace to deliver
them out of the estate of sin and misery, and to bring them into an estate
of salvation by a Redeemer.

성경말씀

에베소서 1:4~6

곧 창세 전에 그리스도 안에서 우리를 택하사 우리로 사랑 안에서
그 앞에 거룩하고 흠이 없게 하시려고 그 기쁘신 뜻대로 우리를 예정하사
예수 그리스도로 말미암아 자기의 아들들이 되게 하셨으니 이는 그가
사랑하시는 자 안에서 우리에게 거저 주시는 바 그의 은혜의 영광을
찬송하게 하려는 것이라

당신이 직접 선악과를 취하여 먹은 것은 아니지만, 인간인 당신은 인류의
원죄를 가지고 있습니다. 하나님께서는 세상을 지으시기 전에 당신을 택하여
죄에서 구하시기로 정하셨습니다. 바로 그리스도 예수를 통하여 입니다.

021.

하나님이 선택하신 사람들의 구속자는 누구입니까?

———

하나님이 선택하신 사람들의 유일한 구속자는
주 예수 그리스도이십니다.
그분은 하나님의 영원한 아들로서 사람이 되셨습니다. 그러므로
과거나 현재나 미래에도 계속하여 영원히 하나님이시고 동시에
사람이시며, 한 인격에 두 본성을 가진 분이십니다.

Who is the Redeemer of God's elect?

———

The only Redeemer of God's elect is the Lord Jesus Christ, who being
the eternal Son of God, became man, and so was, and continueth to be,
God and man in two distinct natures, and one Person, forever.

성경말씀

디모데전서 2:5~6

하나님은 한 분이시요 또 하나님과 사람 사이에 중보자도 한 분이시니 곧
사람이신 그리스도 예수라 그가 모든 사람을 위하여 자기를 대속물로
주셨으니 기약이 이르러 주신 증거니라

아담으로 인해 원죄를 갖게 된 우리를, 죄와 사망에서 구하실 분으로
하나님께서 택하신 분은 삼위일체의 성자이신 예수그리스도입니다. 인류는
아담으로 죄를 얻었지만, 예수그리스도로 구원을 얻을 수 있습니다.

022.

어떻게 하나님의 아들이신 그리스도께서 사람이 되셨습니까?

하나님의 아들이신 그리스도는 스스로 참 육체와 이성을 가진 영혼을
취하시고 사람이 되셨습니다. 곧 성령의 능력에 의하여 동정녀
마리아에게 잉태되어 탄생하셨습니다. 그러나 죄는 없으십니다.

How did Christ, being the Son of God, become man?

——

Christ, the Son of God, became man, by taking to himself a true body,
and a reasonable soul, being conceived by the power of the Holy Ghost,
in the womb of the virgin Mary, and born of her, yet without sin.

성경말씀

요한복음 1:14
말씀이 육신이 되어 우리 가운데 거하시매 우리가 그의 영광을 보니
아버지의 독생자의 영광이요 은혜와 진리가 충만하더라

아담과 이후의 모든 인류는 아담으로부터 잉태되었으므로 원죄에서
벗어날 수 없습니다. 그러나 삼위일체 하나님이신 성령에 의해 동정녀
마리아에게 잉태되시어 사람의 육신을 가지신 구세주 예수그리스도는
원죄 없이 태어나셨습니다.

023.

그리스도는 우리의 구세주로 무엇을 행하십니까?

그리스도는 우리의 구속자로서 선지자, 제사장, 그리고 왕의 직무를
하시는데, 낮아지시고 높아지신 두 상태에서 행하십니다.

What offices doth Christ execute as our Redeemer?

Christ, as our Redeemer, executeth the offices of a prophet, of a priest,
and of a king, both in his estate of humiliation and exaltation.

성경말씀

사도행전 3:22
모세가 말하되 주 하나님이 너희를 위하여 너희 형제 가운데서 나 같은
선지자 하나를 세울 것이니 너희가 무엇이든지 그의 모든 말을 들을 것이라

히브리서 4:14
그러므로 우리에게 큰 대제사장이 계시니 승천하신 이 곧 하나님의 아들
예수시라 우리가 믿는 도리를 굳게 잡을지어다

요한계시록 19:16
그 옷과 그 다리에 이름을 쓴 것이 있으니 만왕의 왕이요 만주의 주라
하였더라

예수그리스도는 선지자, 제사장, 다스리는 왕의 역할로 인간을 이끌어 주시는
구세주입니다. 지금 책을 읽는 이 시간에도 우리를 위하여 행하시고
도우시는 그리스도를 의지하십시오.

024.

어떻게 그리스도는 선지자의 직무를 행하십니까?

———

그리스도는 우리를 구원하려고 하는 하나님의 뜻을 그의 말씀과
성령으로 우리에게 계시하셔서 선지자의 직무을 행하십니다.

How doth Christ execute the office of a prophet?

———

Christ executeth the office of a prophet, in revealing to us, by his Word
and Spirit, the will of God for our salvation.

성경말씀

요한복음 17:8

나는 아버지께서 내게 주신 말씀들을 그들에게 주었사오며 그들은 이것을
받고 내가 아버지께로부터 나온 줄을 참으로 아오며 아버지께서 나를 보내신
줄도 믿었사옵나이다

예수그리스도는 하나님께서 주신 말씀으로 선지자의 일을 행하셨습니다.
이 일들은 성경에 기록되어 있습니다. 삼위일체 예수그리스도 이외에는
어떠한 그 누구도 이런 일을 행할 수 없다는 것을 고백해야합니다.

025.

어떻게 그리스도는 제사장의 직무를 행하십니까?

———

그리스도는 단번에 자신을 희생 제물로 드려서
하나님의 공의를 만족시키고
우리가 하나님께 순종하게 하셨습니다.

그리고 계속해서 우리를 위해서 중재하십니다.
이 두 가지로 제사장의 직무를 행하십니다.

How doth Christ execute the office of a priest?

———

Christ executeth the office of a priest, in his once offering up of himself
a sacrifice to satisfy divine justice, and reconcile us to God, and in
making continual intercession for us.

성경말씀

히브리서 9:28

이와 같이 그리스도도 많은 사람의 죄를 담당하시려고 단번에 드리신 바
되셨고 구원에 이르게 하기 위하여 죄와 상관 없이 자기를 바라는 자들에게
두 번째 나타나시리라

히브리서 7:25

그러므로 자기를 힘입어 하나님께 나아가는 자들을 온전히 구원하실 수
있으니 이는 그가 항상 살아 계셔서 그들을 위하여 간구하심이라

예수그리스도께서 자신 스스로를 십자가에 못 박히는 희생 제물로 드렸다는
것을 우리는 알고 있습니다. 우리는 죽음을 이기고 부활하신 그리스도께서
우리를 구원하기 위하여 지금도 하나님께 중재하고 계시다는 것도
알아야 합니다.

026.

어떻게 그리스도는 왕의 직무를 행하십니까?

———

그리스도는 우리를 자신에게 복종하게 하시고,
우리를 다스리고 보호하시며,
그리고 그분과 우리의 적들을 억제하고 정복함으로
왕의 직무를 행하십니다.

How doth Christ execute the office of a king?

———

Christ executeth the office of a king, in subduing us to himself, in ruling
and defending us, and in restraining and conquering all his and our
enemies.

성경말씀

빌립보서 2:9~11

이러므로 하나님이 그를 지극히 높여 모든 이름 위에 뛰어난 이름을 주사
하늘에 있는 자들과 땅에 있는 자들과 땅 아래에 있는 자들로 모든 무릎을
예수의 이름에 꿇게 하시고 모든 입으로 예수 그리스도를 주라 시인하여
하나님 아버지께 영광을 돌리게 하셨느니라

그리스도 예수의 왕 되심은 여호와 하나님의 권능에 의해서입니다. 이 왕의
권능에 따라 하늘에 있는 자와 땅에 있는 자 모두 예수 그리스도 이름 앞에
무릎 꿇게 되는 것입니다.

027.

그리스도의 낮아지심은 어떤 것입니까?

그리스도의 낮아지심은 비천한 상태와 율법 아래에서 태어나시고,
이 세상의 비참과 하나님의 진노와 저주받은 십자가의 죽음을
당하시며, 무덤에 묻히시고 얼마 동안 죽음의 권세 아래 계셨던
것입니다.

Wherein did Christ's humiliation consist?

Christ's humiliation consisted in his being born, and that in a low
condition, made under the law, undergoing the miseries of this life, the
wrath of God, and the cursed death of the cross; in being buried, and
continuing under the power of death for a time.

성경말씀

갈라디아서 3:13

그리스도께서 우리를 위하여 저주를 받은 바 되사 율법의 저주에서 우리를
속량하셨으니 기록된 바 나무에 달린 자마다 저주 아래에 있는 자라
하였음이라

예수님은 삼위일체 하나님이시지만 끝없이 낮아지셨습니다.
말구유에서 태어나시고 빌라도에게 굴욕 당하셨으며, 십자가에 못박혀
죽으셨습니다. 죄 없는 예수 그리스도의 낮아지심은 인간의 죄를 대속하기
위함입니다.

028.

그리스도의 높아지심은 어떤 것입니까?

그리스도의 높아지심은 삼일 만에 죽은 자들 중에서 다시 살아나신 것과,
하늘로 올라가신 것과, 하나님 아버지의 우편에 앉으신 것과,
그리고 마지막 날에 세상을 심판하기 위해 오시는 것에 있습니다.

Wherein consisteth Christ's exaltation?

Christ's exaltation consisteth in his rising again from the dead on the
third day, in ascending up into heaven, in sitting at the right hand of
God the Father, and in coming to judge the world at the last day.

성경말씀

에베소서 1:20

그의 능력이 그리스도 안에서 역사하사 죽은 자들 가운데서 다시 살리시고
하늘에서 자기의 오른편에 앉히사

그리스도 예수께서는 죽음을 이겨내고 부활하셨습니다.
우리 인간을 구하기 위하여 하나님의 우편에 앉으셔서 하나님께 인간을
위하여 간구하십니다.

029.

우리는 어떻게 그리스도에 의해 구속받은 자가 되었습니까?

우리가 그리스도께서 값 주고 구하신 구속자로 참여할 수 있는 이유는 그리스도의 성령이 우리와 함께 하셨기 때문입니다.

How are we made partakers of the redemption purchased by Christ?

We are made partakers of the redemption purchased by Christ, by the effectual application of it to us by his Holy Spirit.

성경말씀

디도서 3:5~6
우리를 구원하시되 우리가 행한 바 의로운 행위로 말미암지 아니하고 오직
그의 긍휼하심을 따라 중생의 씻음과 성령의 새롭게 하심으로 하셨나니 우리
구주 예수 그리스도로 말미암아 우리에게 그 성령을 풍성히 부어 주사

우리 인간은 우리의 뜻과 의지로 그리스도께 속하게 된 것이 아닙니다. 오직
하나님의 택하심과 구원하시는 성령의 은사로 죄를 벗고 그리스도에 속한
자로 참여하게 된 것임을 고백하여야 합니다.

030.

성령은 그리스도께서 값주고 사신 구속을 우리에게 어떻게
적용하십니까?

———

성령은 그리스도께서 값주고 사신 구속을 우리에게 적용하셔서,
우리가 믿게 하시고 우리를 강하게 이끌어 부르심으로 그리스도와
연합시키십니다.

How doth the Spirit apply to us the redemption purchased by Christ?

———

The Spirit applieth to us the redemption purchased by Christ, by
working faith in us, and thereby uniting us to Christ in our effectual
calling.

성경말씀

고린도전서 1:9
너희를 불러 그의 아들 예수 그리스도 우리 주와 더불어 교제하게 하시는
하나님은 미쁘시도다

그리스도께서는 값을 주시고 우리를 주께 속하게 하셨습니다.
주께 속한 그리스도인은 성령의 강력하고 효과적인 이끄심과 부르심으로
지속적으로 예수그리스도께 연합하게 하십니다.
이처럼 성령이 우리의 삶속에 늘 함께 하시는 것이 중요합니다.

031.

강하게 이끌어 부르심이란 무엇입니까?

———

강하게 이끌어 부르심은 하나님의 영이 하시는 일입니다. 곧 우리의
죄와 비참함을 확실히 알게 하시고, 그리스도를 아는 지식으로 우리의
마음을 밝히시고, 우리의 의지를 새롭게 하십니다. 그분은 복음 안에서
우리에게 값없이 주어진 예수 그리스도를 받아들이도록 설득하시고
그렇게 하도록 힘을 주십니다.

What is effectual calling?

———

Effectual calling is the work of God's Spirit, whereby, convincing us of
our sin and misery, enlightening our minds in the knowledge of Christ,
and renewing our wills, he doth persuade and enable us to embrace
Jesus Christ, freely offered to us in the gospel.

성경말씀

디모데후서 1:9

하나님이 우리를 구원하사 거룩하신 소명으로 부르심은 우리의 행위대로
하심이 아니요 오직 자기의 뜻과 영원 전부터 그리스도 예수 안에서
우리에게 주신 은혜대로 하심이라

인간은 죄와 타락의 유혹에 연약하여 잘 넘어지고 낙심합니다.
따라서 성령께서는 가장 효과적이고 실효적인 방법으로 각각의 심령에
임하시어 우리가 그리스도를 향하도록 강력하게 이끌어 불러주십니다.
우리는 그 부르심에 아멘으로 응답해야 합니다.

032.

강하게 이끌어 부르심을 받은 자들이 이 세상에서 받는 유익은
무엇입니까?

―――

효과적으로 부르심을 받은 자들은 이 세상에서 의롭다고 하심,
선택받아 자녀 됨, 거룩하게 하심, 그리고 이 세상에서 그것들에
따르거나 그것들에서 나오는 여러 가지 유익을 받습니다.

What benefits do they that are effectually called partake of in this life?

―――

They that are effectually called do in this life partake of justification,
adoption, sanctification, and the several benefits which in this life do
either accompany or flow from them.

로마서 8:30
또 미리 정하신 그들을 또한 부르시고 부르신 그들을 또한 의롭다 하시고
의롭다 하신 그들을 또한 영화롭게 하셨느니라

하나님께서 강하게 이끌어 불러주신 우리는 예수 그리스도께 속한 자로
참여된 자입니다. 우리는 주님께 속해 있을 때 의롭고, 귀하게 하나님의
자녀로 택함을 받으며, 거룩함에 참여 할 수 있습니다. 우리 안에 하나님의
성령이 거하시기 때문입니다.

033.

의롭다고 하심은 무엇입니까?

———

의롭다고 하심은 하나님께서 값없이 주시는 은혜의 행위입니다.
그분이 우리의 모든 죄를 용서하시고 우리를 의롭다고 보시고
받아주시는 것입니다. 그것은 오직 그리스도의 의를 우리에게
입혀주시고, 우리는 그것을 오직 믿음으로 받습니다.

What is justification?

———

Justification is an act of God's free grace, wherein he pardoneth all our
sins, and accepteth us as righteous in his sight, only for the righteousness
of Christ imputed to us, and received by faith alone.

성경말씀

갈라디아서 2:16

사람이 의롭게 되는 것은 율법의 행위로 말미암음이 아니요 오직 예수
그리스도를 믿음으로 말미암는 줄 알므로 우리도 그리스도 예수를 믿나니
이는 우리가 율법의 행위로써가 아니고 그리스도를 믿음으로써 의롭다 함을
얻으려 함이라 율법의 행위로써는 의롭다 함을 얻을 육체가 없느니라

누구나 의로운 사람이 되고자 합니다.
의롭게 되는 것은 인간의 능력이나 어떠한 행위로 얻어지는 것이 아니라.
하나님께서 우리에서 주시는 선물입니다.
우리는 단지 예수 그리스도를 믿는 것만으로 의롭다하심을 받을 수
있습니다.

034.

선택받아 자녀 됨은 무엇입니까?

———

선택받아 자녀 됨이란 하나님이 값없이 주시는 은혜의 행위로서,
우리를 하나님의 자녀로 여겨서 받아주시며, 하나님의 자녀로서 모든
특권을 누리게 하시는 것입니다.

What is adoption?

———

Adoption is an act of God's free grace, whereby we are received into the
number, and have a right to all the privileges of the sons of God.

성경말씀

요한일서 3:1~2

보라 아버지께서 어떠한 사랑을 우리에게 베푸사 하나님의 자녀라 일컬음을
받게 하셨는가, 우리가 그러하도다 그러므로 세상이 우리를 알지 못함은
그를 알지 못함이라 사랑하는 자들아 우리가 지금은 하나님의 자녀라 장래에
어떻게 될지는 아직 나타나지 아니하였으나 그가 나타나시면 우리가 그와
같을 줄을 아는 것은 그의 참모습 그대로 볼 것이기 때문이니

원래 인간은 그냥 인간의 자녀입니다.
그러나 하나님께서는 우리를 택하여 자녀로 삼아주셨습니다.
그리고 하나님의 자녀로서의 특별한 권리와 은혜를 주셨습니다.
우리는 아무런 값을 치르지 않았고, 오직 그리스도 예수께서 그 값을
치르신 것입니다.

035.

거룩하게 하심은 무엇입니까?

———

거룩하게 하심은 값없이 주시는 은혜의 일입니다. 우리가 하나님의
형상을 따라서 전인격이 새로워지고, 더욱 더 죄에 대하여 죽고,
의에 대하여 사는 것입니다.

What is sanctification?

———

Sanctification is the work of God's free grace, whereby we are renewed
in the whole man after the image of God, and are enabled more and
more to die unto sin, and live unto righteousness.

성경말씀

에베소서 1:3~4

찬송하리로다 하나님 곧 우리 주 예수 그리스도의 아버지께서 그리스도
안에서 하늘에 속한 모든 신령한 복을 우리에게 주시되 곧 창세 전에
그리스도 안에서 우리를 택하사 우리로 사랑 안에서 그 앞에 거룩하고 흠이
없게 하시려고

거룩하게 되는 것은 우리의 마음 속에 성령이 들어오셔서
우리가 하나님의 본성 중의 하나인 거룩함을 닮아가도록 하는 것입니다.
거룩하게 되어가는 삶은 복되고 아름다움이 충만한 삶입니다.

036.

이 세상에서 의롭다고 하심과 선택받아 자녀 됨과 거룩하게 하심에
따르거나 그것에서 나오는 유익은 무엇입니까?

———

이 세상에서 의롭다고 하심과 선택받아 자녀 됨과 거룩하게 하심에
따르거나 그것에서 나오는 유익은 하나님의 사랑을 확신하는 것과,
양심의 평안과, 성령 안에서의 기쁨과, 은혜의 더함과 끝까지 인내하는
것입니다.

What are the benefits which in this life do accompany or flow from
justification, adoption, and sanctification?

———

The benefits which in this life do accompany or flow from justification,
adoption, and sanctification, are assurance of God's love, peace of
conscience, joy in the Holy Ghost, increase of grace, and perseverance
therein to the end.

성경말씀

갈라디아서 5:22~24

오직 성령의 열매는 사랑과 희락과 화평과 오래 참음과 자비와 양선과 충성과 온유와 절제니 이같은 것을 금지할 법이 없느니라 그리스도 예수의 사람들은 육체와 함께 그 정욕과 탐심을 십자가에 못 박았느니라

인간은 행복을 추구합니다.

우리가 하나님이 주시는 의와 하나님의 자녀 됨과 거룩함을 따르게 되면,

우리에게 성령이 역사하시어 풍성한 성령의 열매를 얻게 됩니다.

037.

죽을 때 신자들은 그리스도에게서 무슨 유익을 받습니까?

죽을 때 신자들의 영혼은 완전히 거룩하게 되어 즉시 영광에 들어가고 그들의 육체는 그리스도와 연합하여 그대로 부활할 때까지 무덤에서 쉬게 됩니다.

What benefits do believers receive from Christ at death?

The souls of believers are at their death made perfect in holiness, and do immediately pass into glory; and their bodies, being still united in Christ, do rest in their graves, till the resurrection.

성경말씀

누가복음 23:43

예수께서 이르시되 내가 진실로 네게 이르노니 오늘 네가 나와 함께 낙원에 있으리라 하시니라

죽음은 고통이고, 종말입니다.

그러나 예수를 믿는 우리들이 하나님께서 주신 사명을 다하고 하나님의 부르심을 받을 때 우리는 예수 그리스도와 함께 낙원에 있게 될 것입니다.

하나님은 이 땅에서 우리에게 시련과 고난을 감당하고 이겨낼 힘과 능력을 주셨습니다.

038.

부활할 때 신자들은 그리스도에게서 어떤 유익을 받습니까?

——

부활할 때 신자들은 영광 중에 일어나고, 심판 날에 공개적으로
신자임을 인정받고 무죄선고를 받으며, 영원히 완벽하게 복된 존재가
되어 하나님을 넘치게 즐거워하게 됩니다.

What benefits do believers receive from Christ at resurrection?

——

At the resurrection, believers, being raised up in glory, shall be openly
acknowledged and acquitted in the day of judgment, and made perfectly
blessed in the full enjoying of God to all eternity.

성경말씀

데살로니가전서 4:16
주께서 호령과 천사장의 소리와 하나님의 나팔 소리로 친히 하늘로부터
강림하시리니 그리스도 안에서 죽은 자들이 먼저 일어나고 그 후에 우리
살아 남은 자들도 그들과 함께 구름 속으로 끌어 올려 공중에서 주를
영접하게 하시리니 그리하여 우리가 항상 주와 함께 있으리라

인간의 삶은 유한합니다.
그러나 성경은 믿는 자들은 부활할 것이며, 예수그리스도와 영원히 함께
할 것이라고 말씀하십니다. 이것이 예수 그리스도께 속한 우리의
신앙고백입니다. 우리는 하나님의 자녀입니다.

039.

하나님께서 사람에게 요구하시는 의무는 무엇입니까?

하나님께서 사람에게 요구하시는 의무는 그분의 계시된 뜻에 복종하는
것입니다.

What is the duty which God requireth of man?

The duty which God requireth of man, is obedience to his revealed will.

성경말씀

미가 6:8

사람아 주께서 선한 것이 무엇임을 네게 보이셨나니 여호와께서 네게 구하시는
것은 오직 정의를 행하며 인자를 사랑하며 겸손하게 네 하나님과 함께 행하는
것이 아니냐

인간은 만물을 다스리는 권세가 있습니다.
이 권능은 하나님께서 주신 것입니다.

하지만 인간은 하나님의 뜻을 사랑하고 따라야 하는 의무가 있음을 잊지
말아야 합니다. 인간은 하나님의 피조물입니다.

040.

하나님께서 사람에게 복종할 법으로 처음 계시하신 것은 무엇입니까?

———

하나님께서 사람에게 복종할 법으로 처음 계시하신 것은
도덕법입니다.

What did God at first reveal to man for the rule of his obedience?

———

The rule which God at first revealed to man for his obedience, was the
moral law.

성경말씀

로마서 2:14~15

율법 없는 이방인이 본성으로 율법의 일을 행할 때에는 이 사람은 율법이
없어도 자기가 자기에게 율법이 되나니 이런 이들은 그 양심이 증거가 되어
그 생각들이 서로 혹은 고발하며 혹은 변명하여 그 마음에 새긴 율법의
행위를 나타내느니라

사람은 다른 사람들과 함께 사회를 구성하여 살아갑니다.
국가 사회는 법으로 질서를 유지합니다.
하나님께서는 법 이전에 인간에게 양심을 주어 마땅히 지켜야 할 도리
즉, 도덕을 주셨습니다.
자기 스스로 자기 자신에게 율법이 되는 양심을 지켜야 합니다.

성경은 양심을 저버리고 이익을 취하여 잠시 성공한 것처럼 보이는
것을 "악인의 형통함"이라 하고 이를 부러워 말라고 하셨습니다.

041.

도덕법은 어디에 요약되어 있습니까?

도덕법은 십계명에 요약되어 있습니다.

Wherein is the moral law summarily comprehended?

The moral law is summarily comprehended in the ten commandments.

성경말씀

출애굽기 20:3
너는 나 외에는 다른 신들을 네게 두지 말라

신명기 5:21
네 이웃의 아내를 탐내지 말지니라 네 이웃의 집이나 그의 밭이나
그의 남종이나 그의 여종이나 그의 소나 그의 나귀나 네 이웃의 모든 소유를
탐내지 말지니라

인간이 마땅히 외우고 따라 지켜야 할 가장 기본 도리로 10계명이 있습니다.
인간은 하나님만을 신으로 섬겨야 하고, 남의 것을 탐하지 말아야 합니다.

042.

십계명의 요지는 무엇입니까?

———

십계명의 요지는 우리의 온 마음과 온 영혼과 온 힘과 모든 뜻을
다하여 주 우리 하나님을 사랑하고, 또 이웃을 우리 자신같이
사랑하라는 것입니다.

What is the sum of the ten commandments?

———

The sum of the Ten Commandments is, to love the Lord our God with
all our heart, with all our soul, with all our strength, and with all our
mind; and our neighbor as ourselves.

성경말씀

마태복음 22:37~40

예수께서 이르시되 네 마음을 다하고 목숨을 다하고 뜻을 다하여 주 너의 하나님을 사랑하라 하셨으니 이것이 크고 첫째 되는 계명이요 둘째도 그와 같으니 네 이웃을 네 자신 같이 사랑하라 하셨으니 이 두 계명이 온 율법과 선지자의 강령이니라

십계명은 인간이 창조된 목적 즉, 하나님을 영화롭게 하고, 그를 영원히 즐거워하는 삶을 살기 위하여 반드시 지켜야 하는 하나님의 명령이고 기본 규율입니다.

043.

십계명의 서문은 무엇입니까?

─────

십계명의 서문은 곧 "나는 너를 애굽 땅, 종 되었던 집에서
인도하여 낸 네 하나님 여호와니라"고 하신 말씀이다.

What is the preface to the ten commandments?

─────

The preface to the ten commandments is in these words, "I am the
Lord thy God, which have brought thee out of the land of Egypt, out of
the house of bondage."

성경말씀

출애굽기 20:2

나는 너를 애굽 땅, 종 되었던 집에서 인도하여 낸 네 하나님 여호와니라

하나님은 십계명을 주시기 전에 하나님께서 우리 바로 나 자신을 구하신 하나님이심을 명확히 밝히고 계십니다. 애굽 땅, 종 되었던 집은 하나님의 구하심을 받기 전에 내가 있던 곳을 말합니다.

044.

십계명의 서문이 우리에게 무엇을 가르칩니까?

———

십계명의 서문이 우리에게 가르치는 것은 하나님께서 주인이시고 우리
하나님이시며 구속자이시므로 우리가 마땅히 그분의 계명들을 지켜야
한다는 것입니다.

What doth the preface to the ten commandments teach us?

———

The preface to the ten commandments teacheth us, that because God is
the Lord, and our God, and Redeemer, therefore we are bound to keep
all his commandments.

성경말씀

이사야 43:1

야곱아 너를 창조하신 여호와께서 지금 말씀하시느니라 이스라엘아 너를
지으신 이가 말씀하시느니라 너는 두려워하지 말라 내가 너를 구속하였고
내가 너를 지명하여 불렀나니 너는 내 것이라

십계명의 서문은 이 신앙고백에 당신이 누구인지를 분명하게 말씀하고
있습니다.
당신은 하나님이 지명하며 부르신 하나님께 속한 사람입니다.
축복입니다.

045.

첫째 계명은 무엇입니까?

첫째 계명은 "너는 나 외에는 다른 신들을 네게 두지 말라" 하신 것입니다.

Which is the first commandment?

The first commandment is, "Thou shalt have no other gods before me."

성경말씀

출애굽기 20:3
너는 나 외에는 다른 신들을 네게 두지 말라

우리는 이미 하나님께서 오직 유일하신 신이심을 알고 있습니다.
그러므로 거짓 신과 속이는 자들의 악한 꾐에 미혹되지 말아야 합니다.

046.

첫째 계명이 요구하는 것은 무엇입니까?

첫째 계명이 우리에게 요구하는 것은 하나님을 유일하시고 참된 분이
시며 우리의 하나님이심을 알고 인정하여, 그분을 예배하고 영화롭게
하는 것입니다.

What is required in the first commandment?

The first commandment requireth us to know and acknowledge God
to be the only true God, and our God; and to worship and glorify him
accordingly.

성경말씀

시편 95:6~7

오라 우리가 굽혀 경배하며 우리를 지으신 여호와 앞에 무릎을 꿇자 그는 우리의 하나님이시요 우리는 그가 기르시는 백성이며 그의 손이 돌보시는 양이기 때문이라 너희가 오늘 그의 음성을 듣거든

우리는 여호와 하나님을 유일한 신이라고 고백합니다.
따라서 그분의 뜻에 따르고 그분을 경배하고 찬양하며, 즐거워하는 것이 마땅한 것입니다.

047.

첫째 계명에서 금지한 것은 무엇입니까?

———

첫째 계명에서 금지한 것은
진짜 하나님이 하나님이며 우리의 하나님이라는 것을 부정하는 것과
하나님을 찬양하지 않는 것, 영화롭게 하지 않는 것입니다.
그리고 한 분이신 그 분외의 다른 대상을 경배하는 것입니다.

What is forbidden in the first commandment?

———

The first commandment forbiddeth the denying, or not worshiping and
glorifying, the true God as God, and our God; and the giving of that
worship and glory to any other, which is due to him alone.

성경말씀

시편 14:1

어리석은 자는 그의 마음에 이르기를 하나님이 없다 하는도다 그들은
부패하고 그 행실이 가증하니 선을 행하는 자가 없도다

첫 계명은 "너는 나 외에는 다른 신들을 네게 두지 말라"입니다.
따라서 유일하신 여호와 하나님을 부인해서는 안 됩니다.
하나님을 찬양하지 않고, 영화롭게 하지 않는 것도 그릇된 것입니다.
인간은 하나님을 찬양하고 즐거워 할 의무가 있습니다.
또한 하나님이외에 그 누구도 신앙적 경배와 섬김의 대상이 될 수 없습니다.

048.

첫째 계명에서 "나 외에"란 말이 우리에게 특별히 가르치는 것은
무엇입니까?

———

첫 번째 계명에서 "나 외에"란 말이 우리에게 가르치는 것은 만물을
보시는 하나님이 다른 신을 섬기는 죄를 아시고 매우 싫어하신다는
것입니다.

What are we specially taught by these words, "before me," in the first
commandment?

———

These words, "before me," in the first commandment teach us, that
God, who seeth all things, taketh notice of, and is much displeased with,
the sin of having any other god.

성경말씀

신명기 30:17~18

그러나 네가 만일 마음을 돌이켜 듣지 아니하고 유혹을 받아 다른 신들에게
절하고 그를 섬기면 내가 오늘 너희에게 선언하노니 너희가 반드시 망할 것이
라 너희가 요단을 건너가서 차지할 땅에서 너희의 날이 길지 못할 것이니라

출애굽기 34장 14절에 "너는 다른 신에게 절하지 말라 여호와는 질투라
이름하는 질투의 하나님임이라" 라고 말씀하고 있습니다. 이는 다른 신의
존재를 인정하는 것이 아니라 신이 아닌 가짜 우상에게 미혹되지 말라는
말씀입니다. 우리는 오직 여호와 하나님께만 속하여야 합니다.

049.

둘째 계명은 무엇입니까?

────

둘째 계명은 "너를 위하여 새긴 우상을 만들지 말고 또 위로 하늘에
있는 것이나 아래로 땅에 있는 것이나 땅 아래 물속에 있는 것의 어떤
형상도 만들지 말며 그것들에게 절하지 말며, 그것들을 섬기지 말라
나 네 하나님 여호와는 질투하는 하나님인즉 나를 미워하는 자의 죄를
갚되 아버지로부터 아들에게로 삼사 대까지 이르게 하거니와 나를
사랑하고 내 계명을 지키는 자에게는 천 대까지 은혜를 베푸느니라"
하신 것입니다.

Which is the second commandment?

────

The second commandment is, "Thou shalt not make unto thee any
graven image, or any likeness of anything that is in heaven above, or
that is in the earth beneath, or that is in the water under the earth: thou
shalt not bow down thyself to them, nor serve them: for I the Lord
thy God am a jealous God, visiting the iniquity of the fathers upon the
children unto the third and fourth generation of them that hate me;
and shewing mercy unto thousands of them that love me, and keep my
commandments."

성경말씀

출애굽기 20:4~6

너를 위하여 새긴 우상을 만들지 말고 또 위로 하늘에 있는 것이나 아래로
땅에 있는 것이나 땅 아래 물속에 있는 것의 어떤 형상도 만들지 말며
그것들에게 절하지 말며, 그것들을 섬기지 말라 나 네 하나님 여호와는
질투하는 하나님인즉 나를 미워하는 자의 죄를 갚되 아버지로부터
아들에게로 삼사 대까지 이르게 하거니와 나를 사랑하고 내 계명을
지키는 자에게는 천 대까지 은혜를 베푸느니라.

"우상"이란 하나님 이외에 경배의 대상으로 사람이 만들어 놓은 신의
형상입니다. 믿는 자는 우상을 만들지 않습니다. 마음에 두지도 않습니다.
믿는 자의 마음은 오직 여호와 하나님을 향합니다.

050.

둘째 계명에서 요구하는 것은 무엇입니까?

둘째 계명에서 요구하는 것은 하나님이 말씀으로 정하신 모든 종교적 예배와 법령을 순전하게 받아들이고 준수하며 지키는 것입니다.

What is required in the second commandment?

The second commandment requireth the receiving, observing, and keeping pure and entire, all such religious worship and ordinances as God hath appointed in his Word.

성경말씀

마태복음 28:20

내가 너희에게 분부한 모든 것을 가르쳐 지키게 하라 볼지어다 내가 세상 끝
날까지 너희와 항상 함께 있으리라 하시니라

하나님께서는 인간이 지켜야할 예배와 법령을 성경을 통하여 우리에게 알려
주십니다. 인간은 성경이 말씀하시는 본분을 지켜야 합니다. 하나님은 우리와
항상 함께 하십니다.

051.

둘째 계명에서 금지하는 것은 무엇입니까?

———

둘째 계명에서 금지하는 것은 우상의 형상을 가지고 하나님을
예배하거나 말씀으로 지정하지 않은 다른 방법으로
예배하는 것입니다.

What is forbidden in the second commandment?

———

The second commandment forbiddeth the worshiping of God by
images, or any other way not appointed in his Word.

성경말씀

신명기 13:6~8

네 어머니의 아들 곧 네 형제나 네 자녀나 네 품의 아내나 너와 생명을 함께
하는 친구가 가만히 너를 꾀어 이르기를 너와 네 조상들이 알지 못하던 다른
신들 곧 네 사방을 둘러싸고 있는 민족 혹 네게서 가깝든지 네게서 멀든지
땅 이 끝에서 저 끝까지에 있는 민족의 신들을 우리가 가서 섬기자 할지라도
너는 그를 따르지 말며 듣지 말며 긍휼히 여기지 말며 애석히 여기지 말며
덮어 숨기지 말고

하나님외에 다른 대상을 의지하고 경배하고 섬기는 것은 금지해야 합니다.
또 하나님께 예배하는 방법도 성경적인 방법이어야 합니다.
성경을 읽으면 믿는 자가 마땅히 행하여야 할 도리와 태도를 알 수 있습니다.

052.

(십계명 중에서) 둘째 계명으로 덧붙여진 이유는 무엇입니까?

둘째 계명으로 속하게 된 이유는 우리에 대한 하나님의 주권과 소유권, 그분이 받으시는 예배에 대한 열망입니다.

What are the reasons annexed to the second commandment?

The reasons annexed to the second commandment are, God's sovereignty over us, his propriety in us, and the zeal he hath to his own worship.

성경말씀

시편 100:3
여호와가 우리 하나님이신 줄 너희는 알지어다 그는 우리를 지으신 이요
우리는 그의 것이니 그의 백성이요 그의 기르시는 양이로다

인간은 하나님의 소유입니다.
따라서 하나님은 인간으로부터 온전하고 신실하며,
뜨겁고 진정한 예배를 받으실 뜻을 가지고 계십니다.
인간의 삶이 하나님 보시기에 좋은 경배의 삶이 되어야 합니다.

053.

셋째 계명은 무엇입니까?

셋째 계명은 "너는 네 하나님 여호와의 이름을 망령되게 부르지 말라 여호와는 그의 이름을 망령되게 부르는 자를 죄 없다 하지 아니하리라" 한 것입니다.

Which is the third commandment?

The third commandment is, "Thou shalt not take the name of the Lord thy God in vain: for the Lord will not hold him guiltless that taketh his name in vain."

성경말씀

출애굽기 20:7

너는 네 하나님 여호와의 이름을 망령되게 부르지 말라 여호와는 그의 이름을
망령되게 부르는 자를 죄 없다 하지 아니하리라

하나님의 이름은 함부로 가볍게 부를 수 없습니다.
하나님의 이름을 걸고 맹세하는 것도 안 됩니다.
생애에 걸쳐서 하나님에 대한 경외의 마음이 한 결 같아야 합니다.

054.

셋째 계명에서 요구하는 것은 무엇입니까?

────

셋째 계명에서 요구하는 것은 하나님의 이름과 칭호와 속성과 법령과 말씀과 사역을 거룩하고도 존경하는 마음으로 사용하라는 것입니다.

What is required in the third commandment?

────

The third commandment requireth the holy and reverent use of God's names, titles, attributes, ordinances, Word, and works.

시편 29:2
여호와께 그의 이름에 합당한 영광을 돌리며 거룩한 옷을 입고 여호와께
예배할지어다

믿는 자가 하나님의 이름을 부르는 경우는
하나님을 찬양하고 예배 할 때와 하나님께 기도로 간구할 때입니다.

예배와 신앙생활은 나를 위함이 아니고
여호와 하나님을 위함입니다.

055.

셋째 계명에서 금지하는 것은 무엇입니까?

셋째 계명에서 금지하는 것은 하나님 자신을 알게 하는
어떤 것이라도 모독하거나 남용하는 것입니다.

What is forbidden in the third commandment?

The third commandment forbiddeth all profaning or abusing of
anything whereby God maketh himself known.

말라기 2:2
만군의 여호와가 이르노라 너희가 만일 듣지 아니하며 마음에 두지 아니하여
내 이름을 영화롭게 하지 아니하면 내가 너희에게 저주를 내려 너희의 복을
저주하리라 내가 이미 저주하였나니 이는 너희가 그것을 마음에 두지 아니하
였음이라

하나님 또는 하나님을 지칭하거나 하나님과 관련된 어떠한 것이라도 인간이
가볍게 입에 올리거나 부정하게 거론하는 것은 여호아 하나님에 대한
죄입니다. 또한 믿는 자의 올바른 태도가 아닙니다.

056.

(십계명 중에서) 셋째 계명으로 포함된 이유는 무엇입니까?

———

셋째 계명이 된 이유는 이 계명을 어기는 자가 비록 사람의 처벌을
피할 수 있을지라도, 주 우리 하나님은 그분의 공의로운 심판을 그들이
피하지 못하게 하시는 것입니다.

What is the reason annexed to the third commandment?

———

The reason annexed to the third commandment is, that however the
breakers of this commandment may escape punishment from men, yet
the Lord our God will not suffer them to escape his righteous judgment.

성경말씀

히브리서 4:13

지으신 것이 하나도 그 앞에 나타나지 않음이 없고 우리의 결산을 받으실
이의 눈 앞에 만물이 벌거벗은 것 같이 드러나느니라

살아계신 하나님은 우리의 음성, 기도, 간구 하나하나도 놓치지 않고 듣고
계십니다. 하나님을 가볍게, 경홀히 대하는 태도는 훗날 심판의 날에 하나도
남김없이 드러나고 부끄러움을 당하게 될 것입니다.

057.

넷째 계명은 무엇입니까?

———

넷째 계명은 "안식일을 기억하여 거룩하게 지키라 엿새 동안은 힘써 네
모든 일을 행할 것이나 일곱째 날은 네 하나님 여호와의 안식일인즉
너나 네 아들이나 네 딸이나 네 남종이나 네 여종이나 네 가축이나
네 문안에 머무는 객이라도 아무 일도 하지 말라 이는 엿새 동안에 나
여호와가 하늘과 땅과 바다와 그 가운데 모든 것을 만들고 일곱째 날에
쉬었음이라 그러므로 나 여호와가 안식일을 복되게 하여 그 날을 거룩
하게 하였느니라" 하신 것입니다.

Which is the fourth commandment?

———

The fourth commandment is, "Remember the sabbath day to keep
it holy. Six days shalt thou labor, and do all thy work: but the seventh
day is the Sabbath of the Lord thy God: in it thou shalt not do any
work, thou, nor thy son, nor thy daughter, thy manservant, nor thy
maidservant, nor thy cattle, nor thy stranger that is within thy gates: for in
six days the Lord made heaven and earth, the sea, and all that in them
is, and rested the seventh day: wherefore the Lord blessed the sabbath
day, and hallowed it."

성경말씀

출애굽기 20:8~11

안식일을 기억하여 거룩하게 지키라 엿새 동안은 힘써 네 모든 일을 행할 것이나 일곱째 날은 네 하나님 여호와의 안식일인즉 너나 네 아들이나 네 딸이나 네 남종이나 네 여종이나 네 가축이나 네 문안에 머무는 객이라도 아무 일도 하지 말라 이는 엿새 동안에 나 여호와가 하늘과 땅과 바다와 그 가운데 모든 것을 만들고 일곱째 날에 쉬었음이라 그러므로 나 여호와가 안식일을 복되게 하여 그 날을 거룩하게 하였느니라

sabbath 안식일은 6일간의 일을 마치고
온전히 주님을 경배하며 보내는 거룩한 휴식일입니다.
즉, 지금의 주일입니다. 주일은 공휴일, 노는 날이 아니고 일에서 벗어나
주님을 예배하는 날입니다. 주일예배입니다. 휴일예배가 아닙니다.

117

058.

넷째 계명에서 요구하는 것은 무엇입니까?

넷째 계명에서 요구하는 것은 하나님이 말씀으로 지정하신 일정한 때를
그분 앞에서 거룩하게 지키는 것입니다. 특별히 칠일 중 하루를
종일 하나님께 거룩한 안식일로 삼는 것입니다.

What is required in the fourth commandment?

The fourth commandment requireth the keeping holy to God such set
times as he hath appointed in his Word; expressly one whole day in
seven, to be a holy sabbath to himself.

성경말씀

이사야 56:2

안식일을 지켜 더럽히지 아니하며 그의 손을 금하여 모든 악을 행하지
아니하여야 하나니 이와 같이 하는 사람, 이와 같이 굳게 잡는 사람은 복이
있느니라

인간의 인간됨의 목적이 하나님을 영화롭게 하고 그분을 영원히 즐거워
하는 것임을 우리는 알고 있습니다. 현실에서 우리는 바쁘고 힘들고
고된 삶을 살 수 있습니다. 그러나 하나님께서 인간을 위하여 주시는
거룩한 휴식의 날 그리고 주님을 경배하고 예배드리는 주일만큼은 모든
근심과 걱정, 고단한 짐을 내려놓고 온전히 주님과 함께 안식하며
새 힘을 얻습니다.

059.

하나님께서 칠일 중에 어느 날을 매 주간의 안식일로 지정하셨습니까?

세상의 시작부터 그리스도의 부활까지는 하나님이 매 주간의 일곱째
날을 안식일로 정하셨습니다. 그 후부터 세상의 끝날까지는 매 주간의
첫날을 안식일로 지정하셨습니다.
이 날은 그리스도인의 안식일입니다.

Which day of the seven hath God appointed to be the weekly sabbath?

From the beginning of the world to the resurrection of Christ, God
appointed the seventh day of the week to be the weekly sabbath; and
the first day of the week ever since, to continue to the end of the world,
which is the Christian sabbath.

성경말씀

창세기 2:3
하나님이 그 일곱째 날을 복되게 하사 거룩하게 하셨으니 이는 하나님이
그 창조하시며 만드시던 모든 일을 마치시고 그 날에 안식하셨음이니라

사도행전 20:7
그 주간의 첫날에 우리가 떡을 떼려 하여 모였더니 바울이 이튿날 떠나고자
하여 그들에게 강론할새 말을 밤중까지 계속하매

달력을 보면 일주일은 일요일을 시작으로 월요일 화요일 수요일 목요일
금요일 토요일로 되어 있습니다. 일요일은 그리스도 예수님의
안식일입니다. 그래서 우리가 일요일을 주님의 날 즉, "주일"로 부르고
있습니다.

060.

안식일을 거룩하게 지키는 방법은 어떤 것입니까?

———

안식일을 거룩하게 지키는 방법은 그날 종일 거룩하게 쉬고,
다른 날에 할 수 있는 모든 세상의 업무와 오락까지도 쉬고,
모든 시간에 공적으로나 사적으로 예배를 드릴 것이며, 다만 피치 못할
일과 자비를 베푸는 일은 예외입니다.

How is the sabbath to be sanctified?

———

The sabbath is to be sanctified by a holy resting all that day, even from
such worldly employments and recreations as are lawful on other days;
and spending the whole time in the public and private exercises of God's
worship, except so much as is to be taken up in the works of necessity
and mercy.

성경말씀

레위기 23:3

엿새 동안은 일할 것이요 일곱째 날은 쉴 안식일이니 성회의 날이라 너희는
아무 일도 하지 말라 이는 너희가 거주하는 각처에서 지킬 여호와의 안식일
이니라

주일 하루를 거룩하게 보내는 방법은 교회의 예배에 경건하고 즐겁게
참여하여 하나님께 경배하는 것과 몸과 마음의 평온한 휴식, 묵상과
기도입니다. 그러나 어려운 이웃을 돕는 선행과 최소한의 필요한
일들은 허용되고 있습니다.

061.

넷째 계명에서 금지하는 것은 무엇입니까?

넷째 계명에서 금지하는 것은 요구하는 의무를 하지 않거나 소홀하게
하거나, 게으르게 하거나 그 자체로 죄가 되는 일을 행하고,
세상의 업무나 오락에 관하여 불필요한 생각이나 말이나 일을
함으로써 그날을 더럽히는 일입니다.

What is forbidden in the fourth commandment?

The fourth commandment forbiddeth the omission, or careless
performance, of the duties required, and the profaning the day by
idleness, or doing that which is in itself sinful, or by unnecessary
thoughts, words, or works, about our worldly employments or
recreations.

성경말씀

이사야 58:13

만일 안식일에 네 발을 금하여 내 성일에 오락을 행하지 아니하고 안식일을 일컬어 즐거운 날이라, 여호와의 성일을 존귀한 날이라 하여 이를 존귀하게 여기고 네 길로 행하지 아니하며 네 오락을 구하지 아니하며 사사로운 말을 하지 아니하면

일하는 날에 부지런히, 최선을 다하고 주일에 온전히 거룩한 휴식할 수 있는 환경을 스스로 만들 수 있다면 좋은 일입니다. 그러나 내가 통제할 수 없는 상황도 많습니다. 어떠한 환경과 상황이든 마음속에 온전히 주님을 모시고 있다면 주님께서 위로와 평안을 주실 것입니다.

062.

(십계명 중에서) 넷째 계명으로 포함된 이유들은 무엇입니까?

———

넷째 계명에 속하게 된 이유들은 하나님이 우리 자신의 업무를 위해
한 주간 중 육일을 허락하시고, 그분은 일곱째 날에 대해 특별한
소유권을 주장하시고, 본보기를 보여 주시고 안식일을 축복하신
일입니다.

What are the reasons annexed to the fourth commandment?

———

The reasons annexed to the fourth commandment are, God's allowing
us six days of the week for our own employments, his challenging a
special propriety in the seventh, his own example, and his blessing the
sabbath day.

창세기 2:3
하나님이 그 일곱째 날을 복되게 하사 거룩하게 하셨으니 이는 하나님이 그
창조하시던 모든 일을 마치시고 그 날에 안식하셨음이니라

"안식일을 기억하여 거룩하게 지키라 엿새 동안은 힘써 네 모든 일을
행할 것이나 일곱째 날은 네 하나님 여호와의 안식일인즉....."
하나님께서는 엿새 동안 힘써 일하는 것과 하나님과 함께 하루를
거룩한 휴식으로 보내야 함을 말씀합니다. 주일을 맞으며 나 자신이
창조주 여호와 하나님의 주권적 소유임을 고백하고 감사하면 큰 힘을
얻을 수 있습니다.

063.

다섯째 계명은 무엇입니까?

다섯째 계명은 "네 부모를 공경하라 그리하면 네 하나님 여호와가
네게 준 땅에서 네 생명이 길리라" 하신 것입니다.

Which is the fifth commandment?

The fifth commandment is, "Honor thy father and thy mother: that thy
days may be long upon the land which the Lord thy God giveth thee."

성경말씀

출애굽기 20:12

네 부모를 공경하라 그리하면 네 하나님 여호와가 네게 준 땅에서 네 생명이 길리라

하나님은 우리를 육신의 부모님을 통해서 세상에 있게 하셨습니다. 따라서 부모님과 우리는 하나님께서 정해 주신 관계입니다. 입양의 경우도 다르지 않습니다. 부모와 자녀의 관계는 하나님의 섭리 안에 있습니다. 눈앞에 보이는 부모를 공경하지 않는 사람은 눈에 보이지 않는 하나님을 결코 공경할 수 없습니다.

064.

다섯째 계명에서 요구하는 것은 무엇입니까?

———

다섯째 계명에서 요구하는 것은 윗 사람이나 아랫 사람이나 동등한
사람 등의 위치와 관계가 있는 모든 사람을 존경하고 의무를 다하는
일입니다.

What is required in the fifth commandment?

———

The fifth commandment requireth the preserving the honor, and
performing the duties, belonging to everyone in their several places and
relations, as superiors, inferiors, or equals.

에베소서 6:1

자녀들아 주 안에서 너희 부모에게 순종하라 이것이 옳으니라

인간은 자만하기 쉽습니다. 지식이 쌓여 갈수록 자신감이 자만이 되는
경우도 있습니다. 부모 또는 나이가 많은 사람을 공경하고
어린아이라도 함부로 대하지 않는 태도는 겸손한 모습입니다.
예수 그리스도는 온유하고 겸손한 분입니다.

065.

다섯째 계명에서 금지하는 것은 무엇입니까?

———

다섯째 계명에서 금지하는 것은 여러 지위와 관계를 맺고 있는 모든
사람에게 해야할 존경과 의무를 소홀히 하거나 고의로 하지않는
일입니다.

What is forbidden in the fifth commandment?

———

The fifth commandment forbiddeth the neglecting of, or doing anything
against, the honor and duty which belongeth to everyone in their several
places and relations.

성경말씀

마태복음 15:4~6

하나님이 이르셨으되 네 부모를 공경하라 하시고 또 아버지나 어머니를
비방하는 자는 반드시 죽임을 당하리라 하셨거늘 너희는 이르되 누구든지
아버지에게나 어머니에게 말하기를 내가 드려 유익하게 할 것이 하나님께
드림이 되었다고 하기만 하면 그 부모를 공경할 것이 없다 하여 너희의
전통으로 하나님의 말씀을 폐하는도다

"네 부모를 공경하라.."라는 것은 인간의 선택권을 넘어서는 하나님의
명령입니다. 따라서 부모를 공경하지 않고 타인을 존중하지 않고 배려
하지 않는 이기적인 태도를 금지하고 있습니다.

누구나 다른 사람으로부터 존중 받고 싶어 합니다.
그렇다면 마땅히 나도 그렇게 행동해야 합니다.

066.

(이 항목이 십계명 중에서) 다섯째 계명에 들어간 이유는 무엇입니까?

———

다섯째 계명에 속하게 된 이유는 (하나님께 영광이 되고 그들 자신에게
선이 되는 범위 내에서) 이 계명을 지키는 모든 사람에게 장수와
번영을 약속한 것입니다.

What is the reason annexed to the fifth commandment?

———

The reason annexed to the fifth commandment is, a promise of long
life and prosperity (as far as it shall serve for God's glory, and their own
good) to all such as keep this commandment.

성경말씀

에베소서 6:2~3
네 아버지와 어머니를 공경하라 이것은 약속이 있는 첫 계명이니 이로써
네가 잘되고 땅에서 장수하리라

하나님께서는 인간의 마음가짐과 행위에 대하여 좋고 큰 것으로
보상해 주십니다. 우리가 부모를 공경하면 하나님은 우리에게 복을
주실 것입니다.

067.

여섯째 계명은 무엇입니까?
———
여섯째 계명은 "살인하지 말라" 하신 것입니다.

Which is the sixth commandment?
———
The sixth commandment is, "Thou shalt not kill."

성경말씀

출애굽기 20:13

살인하지 말라

인간에게는 타인을 해할 권리가 없습니다.
모든 인간은 창조주 여호와 하나님이 것입니다.

인간은 자신과 타인의 목숨뿐만 아니라 육체적, 정신적 폭력을 가해서는
안 됩니다. 하나님은 인간이 서로 화목하기를 원하십니다.

그 누구도 하나님의 명령에 도전해서는 안 됩니다.

068.

여섯째 계명에서 요구하는 것은 무엇입니까?

여섯째 계명에서 요구하는 것은 우리 자신의 생명과 남의 생명을 모든 합법적인 노력으로 보존하는 일입니다.

What is required in the sixth commandment?

The sixth commandment requireth all lawful endeavors to preserve our own life, and the life of others.

성경말씀

에베소서 5:29~30

누구든지 언제나 자기 육체를 미워하지 않고 오직 양육하여 보호하기를
그리스도께서 교회에게 함과 같이 하나니 우리는 그 몸의 지체임이라

우리는 마음과 행동으로 하나님의 명령에 순종해야 합니다.
순종은 우리의 태도로 나타납니다.

모든 인간과 화목하려는 마음가짐, 그리고 자신과 타인의 생명을 존중
하고 위협하지 않는 태도가 중요합니다. 빈 말이라도 상대의 마음에
상처를 줄 수 있다면, 이것도 명확히 폭력입니다.

069.

여섯째 계명에서 금지하는 것은 무엇입니까?

———

여섯째 계명에서 금지하는 것은 불의하게 우리 자신의 생명이나
이웃의 생명을 빼앗거나 그런 결과를 가져오는 일들입니다.

What is forbidden in the sixth commandment?

———

The sixth commandment forbiddeth the taking away of our own life, or
the life of our neighbor, unjustly, or whatsoever tendeth thereunto.

성경말씀

창세기 9:6
다른 사람의 피를 흘리면 그 사람의 피도 흘릴 것이니 이는 하나님이
자기 형상대로 사람을 지으셨음이니라

좁게 해석하면 살인하는 것을 금지하셨습니다.
그러나 말씀의 뜻을 헤아리면 자신을 포함한 모든 인간에 대하여 해를
가하지 말라는 의미도 느낄 수 있습니다. 의미 없이 던진 한 마디의
말도 상대에게는 큰 고통을 주는 흉기가 될 수 있습니다.

070.

일곱째 계명은 무엇입니까?

──

일곱째 계명은 "간음하지 말라" 하신 것입니다.

Which is the seventh commandment?

──

The seventh Commandment is, "Thou shalt not commit adultery."

성경말씀

출애굽기 20:14

간음하지 말라

하나님은 남자와 여자를 만드시고 부부가 되어 가정을 이루게
하셨습니다. 부부는 서로 사랑으로 가정을 화목하게 만들어 가야합니다.

071.

일곱째 계명에서 요구하는 것은 무엇입니까?

제 칠계명에서 요구하는 것은 마음과 말과 행동에서 우리 자신과
이웃의 정조를 보전하는 일입니다.

What is required in the seventh commandment?

The seventh commandment requireth the preservation of our own and
our neighbor's chastity, in heart, speech, and behavior.

성경말씀

데살로니가전서 4:4~5

각각 거룩함과 존귀함으로 자기의 아내 대할 줄을 알고 하나님을 모르는
이방인과 같이 색욕을 따르지 말고

남편과 아내는 서로를 사랑하고, 아끼고 존중하여야 합니다.
부부는 허물없이 가까운 사이라 오히려 예의와 배려를 잃어버릴 수도
있습니다. 하나님께서는 부부가 서로를 거룩하고 존귀하게 배려하고
행동하기를 바라십니다.

072.

일곱째 계명에서 금지하는 것은 무엇입니까?

———

일곱째 계명에서 금지하는 것은 정조를 지키지 못하는 모든 생각과
말과 행동입니다.

What is forbidden in the seventh commandment?

———

The seventh commandment forbiddeth all unchaste thoughts, words,
and actions.

성경말씀

마태복음 5:27~28

또 간음하지 말라 하였다는 것을 너희가 들었으나 나는 너희에게 이르노니
음욕을 품고 여자를 보는 자마다 마음에 이미 간음하였느니라

남자와 여자가 호감을 느끼고 사랑의 감정을 갖게 되는 것은 스스로
통제하기 어려운 자연스러운 일입니다. 그러나 그리스도 안에서 마음을
다스리고 말과 행동을 절제하는 성숙한 신앙인으로 조금씩, 조금씩
발전해 나가야 합니다. 성경은 동성애를 명확히 반대합니다.

073.

여덟째 계명은 무엇입니까?

———

여덟째 계명은 "도둑질하지 말라" 하신 것입니다.

Which is the eighth commandment?

———

The eighth commandment is, "Thou shalt not steal."

성경말씀

출애굽기 20:15
도둑질하지 말라

타인이 좋은 것을 가지고 있으면 부러운 마음이 들 수 있습니다.
성경은 세상의 모든 좋은 것과 부귀영화도 헛된 것임을 말씀합니다.
믿는 자의 소망은 하늘에 있고 세상의 물질에 있지 않습니다.
하나님의 자녀에게는 남의 것을 탐하여 도둑질 할 이유가 없습니다.

149

074.

여덟째 계명에서 요구하는 것은 무엇입니까?

여덟째 계명에서 요구하는 것은 우리 자신과 남의 부와 지위를 합법적으로 얻고 증진시키는 것입니다.

What is required in the eighth commandment?

The eighth commandment requireth the lawful procuring and furthering the wealth and outward estate of ourselves and others.

성경말씀

에베소서 4:28

도둑질하는 자는 다시 도둑질하지 말고 돌이켜 가난한 자에게 구제할 수
있도록 자기 손으로 수고하여 선한 일을 하라

스스로 노력하며, 기도와 간구로 하나님께 구하면 하나님께서는
필요한 것으로 채워주시고 때로는 차고 넘치게 부어주십니다. 오히려
우리는 하나님이 주신 재능과 재물을 가난한 이웃에게 나누고 베푸는
삶을 살아야 합니다.

075.

여덟째 계명에서 금지하는 것은 무엇입니까?

여덟째 계명에서 금지하는 것은 우리 자신과 이웃의 부와 지위를 부당하게 방해하거나 방해할 가능성이 있는 일을 금지하는 것입니다.

What is forbidden in the eighth commandment?

The eighth commandment forbiddeth whatsoever doth, or may, unjustly hinder our own, or our neighbor's wealth or outward estate.

성경말씀

데살로니가후서 3:8~10

누구에게서든지 음식을 값없이 먹지 않고 오직 수고하고 애써 주야로 일함은
너희 아무에게도 폐를 끼치지 아니하려 함이니 우리에게 권리가 없는 것이
아니요 오직 스스로 너희에게 본을 보여 우리를 본받게 하려 함이니라
우리가 너희와 함께 있을 때에도 너희에게 명하기를 누구든지 일하기
싫어하거든 먹지도 말게 하라 하였더니

성실한 자세로 최선을 다하여 땀 흘려 일하는 사람의 삶은 아름답습니다.
도둑질 하지 말라는 말씀은 스스로 성실하게 일할 것, 일한 소출에
만족하고 감사할 것, 필요한 것 이상으로 욕심내고 탐하지 말 것,
재물에 속한 사람이 되지 말고 오직 하나님께 속한 사람이 될 것으로
말씀합니다.

076.

아홉째 계명은 무엇입니까?

——

아홉째 계명은 "네 이웃에 대하여 거짓 증거하지 말라"고 한 것입니다.

Which is the ninth commandment?

——

The ninth commandment is, "Thou shalt not bear false witness against thy neighbor."

성경말씀

출애굽기 20:16
네 이웃에 대하여 거짓 증거하지 말라

"어떠한 상황에 처하든지 진실을 말하는 것" 생각보다 몹시 어려운
일입니다. 이익을 위하여 또는 불이익이 두려워 진실을 덮고 거짓을
증거 하는 경우가 있습니다. 그러나 우리가 진실을 말하는지 거짓을
말하는지 하나님은 알고 계십니다. 진실을 말하는 자는 용기 있는
사람입니다.

077.

아홉째 계명에서 요구하는 것은 무엇입니까?

아홉째 계명에서 요구하는 것은 인간관계에서의 진실함과 우리 자신과
이웃의 좋은 평판을 유지하거나 증진하는 일입니다. 특히 증언하는
일에 그렇게 하는 것입니다.

What is required in the ninth commandment?

The ninth commandment requireth the maintaining and promoting of
truth between man and man, and of our own and our neighbor's good
name, especially in witness-bearing.

성경말씀

스가랴 8:16~17

너희가 행할 일은 이러하니라 너희는 이웃과 더불어 진리를 말하며 너희
성문에서 진실하고 화평한 재판을 베풀고 마음에 서로 해하기를 도모하지
말며 거짓 맹세를 좋아하지 말라 이 모든 일은 내가 미워하는 것이니라
여호와의 말이니라

믿는 자의 행함과 타인에 대하여 말하고 증거함의 기준은 나의 지식과
이해관계가 아니라 오직 진실과 하나님의 뜻이 기준이 됩니다. 따라서
성경의 말씀을 늘 읽고 묵상하는 습관이 중요합니다. 성경을 읽지 않고
성경적인 삶을 살 수는 없습니다. 성경 안에서 진실을 말할 용기는
하나님께서 주십니다.

078.

아홉째 계명에서 금지하는 것은 무엇입니까?

아홉째 계명에서 금지하는 것은 진실함에 어긋나거나 우리 자신이나
이웃의 좋은 평판을 해치는 모든 일입니다.

What is forbidden in the ninth commandment?

The ninth commandment forbiddeth whatsoever is prejudicial to truth,
or injurious to our own, or our neighbor's, good name.

성경말씀

누가복음 3:14
군인들도 물어 이르되 우리는 무엇을 하리이까 하매 이르되 사람에게서
강탈하지 말며 거짓으로 고발하지 말고 받는 급료를 족한 줄로 알라 하니라

때로는 옳은 것을 옳다고 하고 거짓을 거짓이라고 말하는 것이 쉽지
않습니다. 그러나 믿는 사람은 하나님께서 주신 바른 양심과 도덕의
규범을 가지고 있습니다. 당신 안에 거하시는 성령의 말씀에 귀를
기울여야 합니다.

079.

열 번째 계명은 무엇입니까?

제 십계명은 "네 이웃의 집을 탐내지 말라 네 이웃의 아내나 그의 남종이나 그의 여종이나 그의 소나 그의 나귀나 무릇 네 이웃의 소유를 탐내지 말라" 한 것입니다.

Which is the tenth commandment?

The tenth commandment is, "Thou shalt not covet thy neighbor's house, thou shalt not covet thy neighbor's wife, nor his manservant, nor his maidservant, nor his ox, nor his ass, nor anything that is thy neighbor's."

성경말씀

출애굽기 20:17

네 이웃의 집을 탐내지 말라 네 이웃의 아내나 그의 남종이나 그의 여종이나 그의 소나 그의 나귀나 무릇 네 이웃의 소유를 탐내지 말라

욕심과 탐욕은 죄를 만듭니다. 그리고 죄가 장성하면 사망에 이르게 됩니다. 하나님께서 주신 능력으로 최선을 다하는 것. 그리고 그 결과에 만족하고 감사하는 것이 중요합니다. 주님께서 감당 할 수 있는 시련과 또 감당할 만한 은혜를 주십니다.

080.

열 번째 계명에서 요구하는 것은 무엇입니까?

———

열 번째 계명에서 요구하는 것은 우리 자신의 형편에 온전히 만족하며, 이웃과 그의 모든 소유에 대하여 의롭고도 사랑하는 정신을 가지는 것입니다.

What is required in the tenth commandment?

———

The tenth commandment requireth full contentment with our own condition, with a right and charitable frame of spirit toward our neighbor, and all that is his.

히브리서 13:5
돈을 사랑하지 말고 있는 바를 족한 줄로 알라 그가 친히 말씀하시기를 내가
결코 너희를 버리지 아니하고 너희를 떠나지 아니하리라 하셨느니라

내 힘, 내 능력으로 성취한 것 같은 일들이 시간이 지난 뒤에
생각해보면 모두 주님의 도우심이었다는 것을 깨닫게 됩니다.
재물을 향한 더 많은 성취에 목적을 두지 마십시오. 하나님의 나라를
넓히는데 사명과 선한 목적을 가져야 합니다. 그러면 하나님께서
하나님의 때에 하나님의 방법으로 도우십니다.

081.

열 번째 계명에서 금지하는 것은 무엇입니까?

———

열 번째 계명에서 금지하는 것은 우리 자신의 형편에 대한 모든
불만족해 하는 일과, 이웃의 복을 시기하거나 배 아파하는 일과,
이웃의 어떤 소유물에 대해 부당한 행동을 하고 탐욕을 가지는
일입니다.

What is forbidden in the tenth commandment?

———

The tenth commandment forbiddeth all discontentment with our own
estate, envying or grieving at the good of our neighbor, and all inordinate
motions and affections to anything that is his.

성경말씀

골로새서 3:5

그러므로 땅에 있는 지체를 죽이라 곧 음란과 부정과 사욕과 악한 정욕과
탐심이니 탐심은 우상 숭배니라

믿는 자는 악을 행함으로만 죄를 짓는 것이 아니라 마음의 탐욕도
하나님께 죄가 됩니다. 때로는 악한자의 이해 못할 형통함을 바라볼
때가 있습니다. 결코 부러워할 일이 아닙니다. 돈과 재물이 행복의
기준이 아닙니다. 내 안에 여호와 하나님의 성령이 함께하시면 세상의
모든 금은보화를 더한 부유함보다 복된 것입니다.

082.

하나님의 계명을 완전하게 지킬 수 있는 사람이 있습니까?

———

타락 이후로 어떤 사람도 이 세상에서 하나님의 계명을 완전하게
지킬 수 없습니다. 오히려 생각과 말과 행동에서 매일 계명을
어깁니다.

Is any man able perfectly to keep the commandments of God?

No mere man, since the fall, is able in this life, perfectly to keep the
commandments of God, but doth daily break them in thought, word,
and deed.

성경말씀

요한일서 1:8

만일 우리가 죄가 없다고 말하면 스스로 속이고 또 진리가 우리 속에 있지 아니할 것이요

단지 열 개의 계명이지만 세상에 이를 온전히 지킬 수 있는 사람은 단언코 없습니다. 인간은 죄의 유혹에 쉽게 넘어갑니다. 그러나 믿는 자가 세상과 구별되는 것은 회개하고 다시 주께로 돌아가는 것입니다.

세상의 유혹에 넘어지는 것은 어쩔 수 없으나 회개하고 주께 돌아가지 않는 것은 명백한 잘못입니다.

083.

법을 위반하는 죄들은 모두 같은 수준으로 악합니까?

하나님이 보시기에 어떤 죄는 본질적으로, 그리고 여러 가지
악화시키는 요인들 때문에 다른 죄보다 더 흉악합니다.

Are all transgressions of the law equally heinous?

Some sins in themselves, and by reason of several aggravations, are
more heinous in the sight of God than others.

성경말씀

요한복음 19:11

예수께서 대답하시되 위에서 주지 아니하셨더라면 나를 해할 권한이
없었으리니 그러므로 나를 네게 넘겨 준 자의 죄는 더 크다 하시니라

우리는 알고도 죄를 짓고 인지하지 못하는 사이에 죄를 범하기도
합니다. 늘 자신을 돌아보며 죄에 빠지지 않도록 기도하여야 합니다.
그리고 그렇게 행동해야 합니다.

084.

모든 죄는 마땅히 무엇을 받습니까?

모든 죄는 이 세상과 오는 세상에서 하나님의 진노와 저주를 마땅히 받습니다.

What doth every sin deserve?

Every sin deserveth God's wrath and curse, both in this life, and that which is to come.

성경말씀

신명기 28:15

네가 만일 네 하나님 여호와의 말씀을 순종하지 아니하여 내가 오늘 네게
명령하는 그의 모든 명령과 규례를 지켜 행하지 아니하면 이 모든 저주가
네게 임하며 네게 이를 것이니

세상에 값없는 것은 없습니다.
우리의 죄도 반드시 값을 치러야 하지만 삼위일체 하나님께서 우리의
죄 값을 그리스도께서 대속하게 하시어 피로써 값을 치르셨습니다.
따라서 우리는 세상 심판의 날에 오히려 하나님과 함께 영광 속에 있게
될 것입니다.

085.

우리가 지은 죄의 대가로 당연히 받을 하나님의 진노와 저주를 피하기 위하여, 하나님께서 우리에게 요구하는 것은 무엇입니까?

———

우리가 지은 죄의 대가로 당연히 받을 하나님의 진노와 저주를 피하기 위하여, 하나님께서 우리에게 요구하시는 것은 예수 그리스도에 대한 믿음, 생명에 이르는 회개, 그리고 그리스도께서 구속의 유익을 우리에게 전달하는 모든 외적인 방법들을 부지런히 사용하는 일입니다.

What doth God require of us, that we may escape his wrath and curse, due to us for sin?

———

To escape the wrath and curse of God, due to us for sin, God requireth of us faith in Jesus Christ, repentance unto life, with the diligent use of all the outward means whereby Christ communicateth to us the benefits of redemption.

성경말씀

마가복음 1:15

이르시되 때가 찼고 하나님의 나라가 가까이 왔으니 회개하고 복음을
믿으라 하시더라

우리는 이제 예수 그리스도께 속한 자입니다.
예수님을 닮아가는 삶을 살아갈 의무가 있습니다.
예수님의 삶은 성경에 기록되어 있습니다.

086.

예수 그리스도를 믿는 신앙이란 무엇입니까?

예수 그리스도를 믿는 것은 구원의 은혜입니다. 복음에 제시된 대로 오직 그분을 모셔들이고 의지하여 구원을 받는 일입니다.

What is faith in Jesus Christ?

Faith in Jesus Christ is a saving grace, whereby we receive and rest upon him alone for salvation, as he is offered to us in the gospel.

성경말씀

요한복음 1:11~12

자기 땅에 오매 자기 백성이 영접하지 아니하였으나 영접하는 자
곧 그 이름을 믿는 자들에게는 하나님의 자녀가 되는 권세를 주셨으니

예수 그리스도를 영접한 사람은 하나님의 자녀입니다.
그는 겸손하고 온유하며 자기를 내세우지 않고, 탐욕하지 않고
헌신하는 그리스도를 닮아가는 사람입니다.
믿는 사람은 예수 그리스도의 태도를 가지고 있습니다.

087.

생명에 이르는 회개란 무엇입니까?

———

생명에 이르는 회개는 구원받는 은혜입니다. 죄인이 자기 죄를 참되게 알고, 그리스도 안에서 하나님의 자비를 깨달으며, 자기 죄를 슬퍼하고 미워하고, 그 죄에서 떠나 하나님께로 돌아가며, 새롭게 순종하는 것을 최고의 목적으로 삼고 노력하는 것입니다.

What is repentance unto life?

———

Repentance unto life is a saving grace, whereby a sinner, out of a true sense of his sin, and apprehension of the mercy of God in Christ, doth, with grief and hatred of his sin, turn from it unto God, with full purpose of, and endeavor after, new obedience.

성경말씀

사도행전 2:37~38
그들이 이 말을 듣고 마음에 찔려 베드로와 다른 사도들에게 물어 이르되
형제들아 우리가 어찌할꼬 하거늘 베드로가 이르되 너희가 회개하여 각각
예수 그리스도의 이름으로 세례를 받고 죄 사함을 받으라 그리하면 성령의
선물을 받으리니

세상에 속한 사람이 회개하고 그리스도를 구주로 영접하고 돌아오는
것이 영원한 생명에 이르는 회개입니다. 이 회개의 대가는 구원입니다.
우리는 회개하고 주님을 영접함으로 구원을 얻게 됩니다.
하나님의 놀라운 약속이고 선물입니다.

088.

그리스도께서 우리에게 구속의 유익을 전달하는 외형적이고 일반적인
방법은 무엇입니까?

———

그리스도가 우리에게 구원의 유익을 전하는 외형적이고 일반적인
방법은 그의 법령들입니다. 특히 말씀과 성례와 기도이며 이것들은
선택 받은 자들이 구원받는 데에 효력이 있는 것입니다.

What are the outward and ordinary means whereby Christ
communicateth to us the benefits of redemption?

———

The outward and ordinary means whereby Christ communicateth to
us the benefits of redemption are, his ordinances, especially the Word,
sacraments, and prayer; all which are made effectual to the elect for
salvation.

마태복음 28:19~20

그러므로 너희는 가서 모든 민족을 제자로 삼아 아버지와 아들과 성령의
이름으로 세례를 베풀고 내가 너희에게 분부한 모든 것을 가르쳐 지키게
하라 볼지어다 내가 세상 끝날까지 너희와 항상 함께 있으리라 하시니라

성경은 하나님의 말씀입니다.
성경에는 하나님의 창조의 역사와 섭리 믿는 자가 지켜야 할 규범,
그리스도 예수의 생애와 말씀, 그리고 인류의 미래가 담겨있습니다.

089.

말씀은 구원 받는 데에 어떻게 효과가 됩니까?

———

하나님의 영은 하나님의 말씀을 읽고 특히 설교하는 효과적인
방법으로 죄인들을 깨닫게 하고 회개하도록 합니다. 또한 믿음을
통하여 거룩함과 위안으로써 그들을 세워서 구원 받게 하십니다.

How is the Word made effectual to salvation?

———

The Spirit of God maketh the reading, but especially the preaching,
of the Word, an effectual means of convincing and converting sinners,
and of building them up in holiness and comfort, through faith, unto
salvation.

성경말씀

요한복음 5:39
너희가 성경에서 영생을 얻는 줄 생각하고 성경을 연구하거니와
이 성경이 곧 내게 대하여 증언하는 것이니라

성경은 하나님의 말씀이 기록된 책으로
성경을 통해서 우리는 진리를 깨닫게 되고 하나님께 감동받고
감화됩니다. 또 위로와 용기를 주는 살아있는 말씀입니다.

090.

말씀을 어떻게 읽고 들어야 구원을 받는 데에 효과가 있습니까?

―――

말씀이 구원을 받는 데에 효과가 있으려면 우리는 부지런하고,
준비하고, 기도해서 그것에 집중해야 합니다. 믿음과 사랑으로서
말씀을 받아들이고, 우리 마음에 간직하며, 그것을 우리의 생활에
실천하여야 합니다.

How is the Word to be read and heard, that it may become effectual to salvation?

―――

That the Word may become effectual to salvation, we must attend
thereunto with diligence, preparation, and prayer; receive it with faith
and love, lay it up in our hearts, and practice it in our lives.

성경말씀

베드로전서 2:1~2

그러므로 모든 악독과 모든 기만과 외식과 시기와 모든 비방하는 말을
버리고 갓난 아기들 같이 순전하고 신령한 젖을 사모하라 이는 그로
말미암아 너희로 구원에 이르도록 자라게 하려 함이라

성경은 스스로 큰 힘과 권능이 있습니다.
내가 성경을 깨우치는 것이 아니라 성경이 내게 깨우침을 주어
구원으로 인도해줍니다.

091.

어떻게 성례가 구원을 받는 데에 효과 있는 방법이 됩니까?

———

성례가 구원을 받는 데에 효과 있는 방법이 되는 것은 성례 그 자체나 성례를 집례하는 사람이 어떤 덕을 가져서가 아닙니다.
다만 그리스도께서 축복하시고, 믿음으로 성례를 받는 사람들 속에 성령이 역사하셔서 효과가 나타납니다.

How do the sacraments become effectual means of salvation?

———

The sacraments become effectual means of salvation, not from any virtue in them, or in him that doth administer them; but only by the blessing of Christ, and the working of his Spirit in them that by faith receive them.

성경말씀

고린도전서 3:7

그런즉 심는 이나 물주는 이는 아무 것도 아니로되 오직 자라게 하시는 이는
하나님뿐이니라

성찬예식이나 성례식의 행위가 아니라 거룩한 그 예식의 과정 속에
하나님의 성령이 임하시어 우리를 감화시키고 믿음의 분량을 키우는 것
입니다.

092.

성례는 무엇입니까?

성례는 그리스도께서 세우신 거룩한 예식입니다. 사람들이 알 수 있는
표시로써 그리스도께서 새 언약의 유익을 신자들에게 제시하고
보증하고 적용하는 것입니다.

What is a sacrament?

A sacrament is a holy ordinance instituted by Christ; wherein, by
sensible signs, Christ, and the benefits of the new covenant, are
represented, sealed, and applied to believers.

성경말씀

고린도전서 11:26

너희가 이 떡을 먹으며 이 잔을 마실 때마다 주의 죽으심을 그가 오실 때까지
전하는 것이니라

성례에 참여하는 순간 우리는 삼위일체 하나님의 앞에 서 있는 것과
같습니다. 가장 거룩하고 엄숙하게 하나님을 경외하는 마음으로 임해야
합니다.

093.

신약성경에서 말하는 성례는 어떤 것입니까?

———

신약성경에서 말하는 성례는 세례와 성찬입니다.

Which are the sacraments of the New Testament?

———

The sacraments of the New Testament are Baptism and the Lord's Supper.

성경말씀

마태복음 28:19
그러므로 너희는 가서 모든 민족을 제자로 삼아 아버지와 아들과 성령의
이름으로 세례를 베풀고

고린도전서 11:23
내가 너희에게 전한 것은 주께 받은 것이니 곧 주 예수께서 잡히시던 밤에
떡을 가지사

세례식과 성찬식을 통하여 우리는 성례에 참여합니다.
거룩히 예식에 참여함으로 하나님께 속한 자신의 모습을 발견할 수
있습니다. 회개의 마음 없이 성례에 참여할 수 없습니다.

094.

세례는 무엇입니까?

——

세례는 성례의 하나로서 성부와 성자와 성령의 이름으로 물을 가지고
씻는 예식입니다. 이것은 우리가 그리스도에게 접붙여지고, 은혜
계약의 유익에 참여하고, 주님의 사람이 된다는 약속을 표시하고
인치는 것입니다.

What is baptism?

——

Baptism is a sacrament, wherein the washing with water, in the name of
the Father, and of the Son, and of the Holy Ghost, doth signify and seal
our ingrafting into Christ, and partaking of the benefits of the covenant
of grace, and our engagement to be the Lord's.

성경말씀

로마서 6:3
무릇 그리스도 예수와 합하여 세례를 받은 우리는 그의 죽으심과 합하여
세례를 받은 줄을 알지 못하느냐

세례를 받은 사람은 주의 부르심에 응답하여
스스로의 의지로도 예수 그리스도를 영접하고 주님께 속한바 되었다는
것을 고백하는 것입니다.
자신의 삶을 주께 드리겠다는 놀라운 전환점입니다.

095.

세례는 어떤 사람에게 베풀어야 합니까?

———

세례는 보이는 교회 밖에 있는 사람들에게는 베풀지 않습니다.
그리스도를 믿고 그분에게 복종하겠다고 고백하는 사람에게 베풀어야
합니다. 보이는 교회의 회원과 같은 사람들의 유아들은 세례를 받을 수
있습니다.

To whom is baptism to be administered?

———

Baptism is not to be administered to any that are out of the visible
church, till they profess their faith in Christ, and obedience to him;
but the infants of such as are members of the visible church are to be
baptized.

성경말씀

사도행전 2:38~39

베드로가 이르되 너희가 회개하여 각각 예수 그리스도의 이름으로 세례를
받고 죄 사함을 받으라 그리하면 성령의 선물을 받으리니 이 약속은 너희와
너희 자녀와 모든 먼 데 사람 곧 주 우리 하나님이 얼마든지 부르시는
자들에게 하신 것이라 하고

세례를 통하여 우리는 세례교인이라고 칭하여 집니다.
주님의 부르심에 응답한 사람은 마땅히 하나님의 말씀인 성경을 읽고
성경의 내용을 진실로 받아들여야 합니다. 그리고 신앙과 양심으로부터
준비된 자라야 세례를 받을 수 있습니다.

096.

성찬은 무엇입니까?

성찬은 하나의 성례로서 그리스도가 지정하신 대로 떡과 포도주를 주고받음으로 그분의 죽음을 기념하는 예식입니다. 이것을 합당하게 받는 사람들은 육체와 정욕을 따르는 방식으로 하지 않고, 믿음으로서 그분의 몸과 피에 참여하여, 그분의 모든 유익을 받고 은혜 속에서 영적인 양식을 받고 성장하는 것입니다.

What is the Lord's Supper?

The Lord's Supper is a sacrament, wherein, by giving and receiving bread and wine, according to Christ's appointment, his death is showed forth; and the worthy receivers are, not after a corporal and carnal manner, but by faith, made partakers of his body and blood, with all his benefits, to their spiritual nourishment, and growth in grace.

성경말씀

고린도전서 10:16

우리가 축복하는 바 축복의 잔은 그리스도의 피에 참여함이 아니며 우리가
떼는 떡은 그리스도의 몸에 참여함이 아니냐

성찬식도 세례식과 함께 성례의 하나입니다.
성찬식에서 포도주는 그리스도 예수의 피를 상징합니다.
떡은 예수의 살을 뜻합니다.
믿는 자는 왜 부족한 죄인인 자신이 예수의 살과 피를 나누는 거룩한
예식에 참여할 자격을 얻었는지를 생각해야 합니다.

097.

성찬을 합당하게 받으려면 어떻게 하여야 됩니까?

———

성찬을 합당하게 받으려면 주님의 몸을 분별할 줄 아는 지식에 대해서,
그분을 먹고 마시는 자신에게 믿음, 회개, 사랑과 새로운 복종이
있는지 스스로 시험하여야 합니다. 부당하게 성찬에 참여하다가
자신에게 돌아오는 심판을 먹고 마시면 안 됩니다.

What is required to the worthy receiving of the Lord's Supper?

———

It is required of them that would worthily partake of the Lord's Supper,
that they examine themselves of their knowledge to discern the Lord's
body, of their faith to feed upon him, of their repentance, love, and
new obedience; lest, coming unworthily, they eat and drink judgment to
themselves.

성경말씀

고린도전서 11:28~29

사람이 자기를 살피고 그 후에야 이 떡을 먹고 이 잔을 마실지니 주의 몸을
분별하지 못하고 먹고 마시는 자는 자기의 죄를 먹고 마시는 것이니라

성경은 믿는 자가 따르고 지켜야 할 도리를 담고 있습니다.
성찬에 참여함은 그 것을 지켰다는 증거이고, 지키겠다는 약속이기도
합니다.

098.

기도는 무엇입니까?

─────

기도는 우리의 소원을 하나님께 말씀드리는 것입니다. 그분의 뜻에
맞는 것들을 간구하고, 그리스도의 이름으로 구하며, 우리의 죄를
고백하고, 그분의 자비를 감사하고 인정하는 것입니다.

What is prayer?

─────

Prayer is an offering up of our desires unto God, for things agreeable to
his will, in the name of Christ, with confession of our sins, and thankful
acknowledgment of his mercies.

성경말씀

요한복음 16:24

지금까지는 너희가 내 이름으로 아무 것도 구하지 아니하였으나 구하라
그리하면 받으리니 너희 기쁨이 충만하리라

기도는 예수 그리스도의 이름으로 하나님께 간구하는 것입니다.
따라서 그리스도의 이름에 합당한 것을 간구해야 합니다.

099.

우리가 기도하며 삶는 지침으로 하나님은 무슨 법칙을 주셨습니까?

———

하나님의 모든 말씀이 우리가 기도하는 데에 유용한 지침입니다.
기도의 특별한 지침은 그리스도께서 자기 제자들에게 가르쳐 주신
기도입니다. 보통 "주님의 기도"라고 부릅니다.

What rule hath God given for our direction in prayer?

———

The whole Word of God is of use to direct us in prayer; but the special
rule of direction is that form of prayer which Christ taught his disciples,
commonly called "the Lord's Prayer."

성경말씀

마태복음 6:9~13

그러므로 너희는 이렇게 기도하라 하늘에 계신 우리 아버지여 이름이
거룩히 여김을 받으시오며 나라가 임하시오며 뜻이 하늘에서 이루어진 것
같이 땅에서도 이루어지이다 오늘 우리에게 일용할 양식을 주시옵고 우리가
우리에게 죄 지은 자를 사하여 준 것 같이 우리 죄를 사하여 주시옵고 우리를
시험에 들게 하지 마시옵고 다만 악에서 구하시옵소서 (나라와 권세와 영광이
아버지께 영원히 있사옵나이다 아멘)

모든 기도의 모범이 되는 주님의 기도에는
감사와 절제와 찬양이 있습니다. 그러나 욕심과 탐욕은 없습니다.
예수님께서는 우리가 무엇을 어떻게 기도해야 하는지를
일러주셨습니다.

100.

주님의 기도의 머리말이 우리에게 가르치는 것은 무엇입니까?

주님의 기도의 머리말 곧 "하늘에 계신 우리 아버지,"는
우리가 하나님에게 공경심과 확신을 가지고 가까이 다가갈 것을
가르칩니다. 그것은 마치 자녀들이 도울 수 있고 도우려고 준비된
아버지에게 하는 것과 같습니다. 그리고 다른 사람들과 함께,
다른 사람들을 위하여 기도할 것을 가르칩니다.

What doth the preface of the Lord's Prayer teach us?

The preface of the Lord's prayer, which is, "Our Father which art in
heaven," teacheth us to draw near to God with all holy reverence and
confidence, as children to a father, able and ready to help us; and that
we should pray with and for others.

성경말씀

에베소서 3:12
우리가 그 안에서 그를 믿음으로 말미암아 담대함과 확신을 가지고
하나님께 나아감을 얻느니라

에베소서 6:18
모든 기도와 간구를 하되 항상 성령 안에서 기도하고 이를 위하여 깨어
구하기를 항상 힘쓰며 여러 성도를 위하여 구하라

기도의 대상은 여호와 하나님입니다.
하나님은 하늘에 계시고 우리의 마음속에는 삼위일체 하나님이신
성령께서 함께 계십니다.

101.

첫째 간구에서 우리는 무엇을 구합니까?

———

첫째 간구 즉 "아버지의 이름을 거룩하게 하시며"는 하나님께서
우리와 다른 사람들이 하나님을 알게하셔서 그분을 영화롭게 하도록
우리가 기도하는 것입니다. 그리고 하나님의 영광이 되게 모든 일을
처리해 주시도록 기도하는 것입니다.

What do we pray for in the first petition?

———

In the first petition, which is, "Hallowed be thy name," we pray that
God would enable us, and others, to glorify him in all that whereby he
maketh himself known; and that he would dispose all things to his own
glory.

성경말씀

시편 145:1~2
왕이신 나의 하나님이여 내가 주를 높이고 영원히 주의 이름을 송축하리이다
내가 날마다 주를 송축하며 영원히 주의 이름을 송축하리이다

"아버지의 이름을 거룩하게 하시며"
우리는 인간의 삶의 첫째 목적이 하나님을 영화롭게 하고 그분을
영원히 즐거워하는 것이라는 것을 알고 있습니다.
예수 그리스도께서는 간구의 처음 말씀으로 하나님을 영화롭게
하셨습니다.

102.

둘째 간구에서 우리는 무엇을 구합니까?

―――

둘째 간구 즉 "아버지의 나라가 오게하시며"는 사단의 왕국이
파괴되고, 은혜의 왕국이 발전하며, 우리와 다른 사람들이 그곳으로
들어가 그곳에 있게 되고, 또한 영광의 왕국이 속히 임하기를 우리가
기도하는 것입니다.

What do we pray for in the second petition?

―――

In the second petition, which is, "Thy kingdom come," we pray that
Satan's kingdom may be destroyed; and that the Kingdom of grace may
be advanced, ourselves and others brought into it, and kept in it; and
that the Kingdom of glory may be hastened.

성경말씀

마태복음 6:33

그런즉 너희는 먼저 그의 나라와 그의 의를 구하라 그리하면 이 모든 것을
너희에게 더하시리라

"아버지의 나라가 오게하시며"
하나님의 나라에서 우리는 영원히 주와 함께 즐거워 할 것입니다.
믿는 자의 가장 간절한 소망입니다.

103.

셋째 간구에서 우리는 무엇을 구합니까?

셋째 간구 즉 "아버지의 뜻이 하늘에서와 같이 땅에서도 이루어지게 하소서"는 하나님께서 우리에게 은혜로써 능력있고 기꺼운 마음을 주셔서, 하늘에서 천사들이 하는 것처럼, 모든 일에서 그분의 뜻을 알고 복종하도록 우리가 기도하는 것입니다.

What do we pray for in the third petition?

In the third petition, which is, "Thy will be done in earth, as it is in heaven," we pray that God, by his grace, would make us able and willing to know, obey, and submit to his will in all things, as the angels do in heaven.

성경말씀

마태복음 26:42

다시 두 번째 나아가 기도하여 이르시되 내 아버지여 만일 내가 마시지
않고는 이 잔이 내게서 지나갈 수 없거든 아버지의 원대로 되기를
원하나이다 하시고

"아버지의 뜻이 하늘에서와 같이 땅에서도 이루어지게 하소서"
우리는 하늘에 소망을 두지만 오늘 세상인 땅에서 살아갑니다.
땅에서 하나님의 자녀답게 살아가는 것이 믿는 자의 소명입니다

104.

넷째 간구에서 우리는 무엇을 구합니까?

———

넷째 간구 즉 "오늘 우리에게 일용할 양식을 주시고"는 하나님께서
값없이 주시는 선물인 이 세상의 좋은 것들을 우리가 만족하게 받아서,
그분의 복을 즐거워하도록 우리가 기도하는 것입니다.

What do we pray for in the fourth petition?

———

In the fourth petition, which is, "Give us this day our daily bread," we
pray that of God's free gift we may receive a competent portion of the
good things of this life, and enjoy his blessing with them.

성경말씀

잠언 30:8~9
곧 헛된 것과 거짓말을 내게서 멀리 하옵시며 나를 가난하게도 마옵시고
부하게도 마옵시고 오직 필요한 양식으로 나를 먹이시옵소서 혹 내가
배불러서 하나님을 모른다 여호와가 누구냐 할까 하오며 혹 내가
가난하여 도둑질하고 내 하나님의 이름을 욕되게 할까 두려워함이니이다

"오늘 우리에게 일용할 양식을 주시고"
자기 자신을 위한 최소한의 기원입니다. 천지를 지으시고 온 우주의
주인이신 하나님께 예수 그리스도께서 원하신 것은 창고에 쌓아 놓을
양식이 아니라 단지 일용할 양식뿐이었습니다.
하지만 죄인인 우리들은 모두 금은보화와 부귀영화를 기원합니다.

105.

다섯째 간구에서 우리는 무엇을 구합니까?

———

다섯째 간구 즉 "우리가 우리에게 잘못한 사람을 용서하여 준 것같이 우리 죄를 용서하여 주시고"는 하나님께서 그리스도를 보시고 우리의 모든 죄를 값없이 용서해 주십시오라고 기도하는 것입니다. 그분의 은혜로써 우리가 진심으로 다른 사람들을 용서하여 줄 수 있었기에 우리는 용기를 얻어서 이렇게 간구하게 되었습니다.

What do we pray for in the fifth petition?

———

In the fifth petition, which is, "And forgive us our debts, as we forgive our debtors," we pray that God, for Christ's sake, would freely pardon all our sins; which we are the rather encouraged to ask, because by his grace we are enabled from the heart to forgive others.

마태복음 18:35

너희가 각각 마음으로부터 형제를 용서하지 아니하면 나의 하늘
아버지께서도 너희에게 이와 같이 하시리라

"우리가 우리에게 잘못한 사람을 용서하여 준 것같이 우리 죄를 용서
하여 주시고"
이미 하나님은 우리의 죄를 용서하여 주셨습니다. 예수님께서 인간에게
서로의 죄와 허물을 용서하기 바라시며 기도로 본을 보여 주셨습니다.

106.

여섯째 간구에서 우리는 무엇을 구합니까?

여섯째 간구 즉 "우리를 시험에 빠지지 않게 하시고, 악에서 구하소서"
는 우리가 죄를 짓도록 유혹을 당할 때 하나님께서 우리를 지켜주시고,
우리가 이미 유혹에 빠졌을 때 우리를 붙들어 구출해 주시도록 우리가
기도하는 것입니다.

What do we pray for in the sixth petition?

In the sixth petition, which is, "And lead us not into temptation, but
deliver us from evil," we pray that God would either keep us from being
tempted to sin or support and deliver us when we are tempted.

성경말씀

요한복음 17:15

내가 비옵는 것은 그들을 세상에서 데려가시기를 위함이 아니요 다만 악에 빠지지 않게 보전하시기를 위함이니이다

"우리를 시험에 빠지지 않게 하시고, 악에서 구하소서"

인간의 몸을 입으신 예수 그리스도는 인간의 약함을 잘 아시고 불쌍히 여기시는 분입니다. 그리스도는 믿어 구원을 얻은 자라도 자만하지 말고 스스로를 경계하여 시험과 악에 빠지지 않도록 늘 깨어 있기를 바라고 계십니다.

107.

주님의 기도의 맺는 말은 우리에게 무엇을 가르칩니까?

———

주님의 기도의 맺는 말 즉 "나라와 권능과 영광이 영원히 아버지의
것입니다. 아멘"은 다음의 내용을 우리에게 가르칩니다.
우리가 기도할 때 하나님에게서만 힘을 얻고, 기도하면서 나라와
권능과 영광을 그분에게 돌리며 그분을 찬양하고, 하나님께서 우리의
소원을 들어주실 것을 확신하면서 "아멘"하고 말하는 것입니다.

What doth the conclusion of the Lord's Prayer teach us?

———

The conclusion of the Lord's Prayer, which is, "For thine is the
kingdom, and the power, and the glory, forever. Amen," teacheth us to
take our encouragement in prayer from God only, and in our prayers
to praise him, ascribing Kingdom, power, and glory to him; and in
testimony of our desire and assurance to be heard, we say, "Amen."

요한계시록 22:20~21
이것들을 증언하신 이가 이르시되 내가 진실로 속히 오리라 하시거늘
아멘 주 예수여 오시옵소서
주 예수의 은혜가 모든 자들에게 있을지어다 아멘

"나라와 권능과 영광이 영원히 아버지의 것입니다."
이것은 불변의 진리입니다.
세상도 나의 인생도 모두 하나님 아버지의 것입니다.

우리는 늘 기도해야합니다.
우리는 언제나 회개하고 고백해야 합니다.
우리는 스스로에게 물어야 합니다.

내가 태어난 목적은 무엇입니까?

주기도문

하늘에 계신 우리 아버지여

이름이 거룩히 여김을 받으시오며

나라가 임하시오며

뜻이 하늘에서 이루어진 것 같이

땅에서도 이루어지이다

오늘

우리에게 일용할 양식을 주시옵고

우리가 우리에게 죄지은 자를 사하여 준 것 같이

우리 죄를 사하여 주시옵고

우리를 시험에 들게 하지 마시옵고

다만 악에서 구하시옵소서

(나라와 권세와 영광이 아버지께 영원히 있사옵나이다)

아멘

마태복음 6장 9절~13절

내가 너를 사랑하는 줄을 알게 하리라

웨스트민스터 신앙고백 카테키즘
Westminster Shorter Catechism 107

초판 1쇄
발행일자   2020년 5월 11일

편 저 자   김 호 정
발 행 인   김 호 정

펴 낸 곳   북킴스 출판사
주   소   서울시 영등포구 국회대로 800 730호
등   록   2018. 09. 28 (제2020-000033호)

e—m a i l   42km@naver.com

전   화   02—6275—2202
팩   스   050—4428—1505

북디자인   김동아 dear.dongah@gmail.com
서점유통   비전북 031—907—3927

I S B N   979—11—967406—3—4
C I P   2020015403

저작권

북킴스® 등록상표입니다. 4014924490000
북킴스는 김호정마케팅자문의 출판브랜드입니다.

유튜브 〈북킴스〉채널에서 이 책의 콘텐츠를 모두 무료로 들으실 수 있습니다.